J. A. Lorent

Denkmäler des Mittelalters im Königreiche Württemberg

J. A. Lorent

Denkmäler des Mittelalters im Königreiche Württemberg

ISBN/EAN: 9783743387027

Hergestellt in Europa, USA, Kanada, Australien, Japan

Cover: Foto ©ninafisch / pixelio.de

Manufactured and distributed by brebook publishing software (www.brebook.com)

J. A. Lorent

Denkmäler des Mittelalters im Königreiche Württemberg

Denkmale des Mittelalters

in

dem Königreiche Württemberg.

Photographisch mit erläuterndem Texte dargestellt

von

Dr. A. Lorent,

Ritter des Großherzogl. Bad. Zähringer Löwen-Ordens mit Eichenlaub
und des Königl. Württemb. Friedrichs-Ordens.

Die Stifts-Kirche von Ellwangen.

Mannheim.
Buchhandlung von J. Bensheimer.
1869.

Druck von J. Schreiber in Mannheim.

Seiner Majestät

dem

Könige Karl

von Württemberg

in tiefster Ehrfurcht gewidmet

von dem Verfasser.

Die Stiftskirche von Ellwangen.

Den romanischen Gotteshäusern des 12. Jahrhunderts, in welchem die von einer späten Nachwelt noch bewunderten Kirchen von Brenz, Denkendorf, Faurndau, Murrhardt u. s. w. entstanden sind, reiht sich nicht minder beachtenswerth die Stiftskirche von Ellwangen an. Im Innern derselben hat zwar der Zopfstil seine Orgien gefeiert, bleibende Zeugnisse davon hinterlassen, und nur geringe Reste des romanischen Baues sind dort übrig geblieben; die Außenseite hingegegen hat größtentheils den Charakter der schönen Architectur bewahrt, deren Vorbild die italienische Basilika war, und welche vom 10. bis in's 13. Jahrhundert hinein, besonders in Deutschland, herrschend blieb. Dieses Gotteshaus gehört zu den ältesten in Württemberg; denn seine Gründung fällt zwischen das Jahr 743, in welchem Pipin und Karlmann den bayerischen Herzog Odilo besiegten, und das Jahr 764, welches als das der Einweihung der ersten Kirche angegeben wird. Zwei Sagen haben sich über die erste

Stiftung derselben erhalten.[1]) Die eine, nach Johann Mathias Lutz, ehemaligem 33jährigen Secretarius des Ellwanger Capitels, lautet:

Als Pipin und nach diesem Karl der Große Gallien beherrschten, lebten an ihrem Hofe Hariolphus und Eadolphus, beide weltlichen Standes und von königlichem Geschlechte, welche einstens eine Jagd in dem dichten, Virngrund genannten, Walde anstellten. Dort gewahrten sie einen außergewöhnlich großen Elch, den sie mit einigen Dienern so lange verfolgten, bis sie ihn erlegten. Vor Freude darüber gelobte Hariolph an dem Orte, wo sie das Wild getödtet hatten, ein Benediktinerkloster zu gründen. Mit seinen Gefährten nach Langres in Oberburgund zurückgekehrt, ging er zu seinem Bruder Erlolph und theilte demselben seinen Vorsatz mit; dieser war damit einverstanden, und nun begaben sich beide zusammen nach dem Virngrunde. Dort bauten sie ein Kloster, begabten es mit reichen jährlichen Einkünften und stellten es unter den Schutz Pipins und nach ihm Karls des Großen. Einem dieser Könige wurden die Hörner des Elchs zum Geschenke gemacht und wegen ihrer Größe an eisernen Ketten in der Burg Amboise aufgehängt. Zwischen denselben konnten 20 Menschen stehen; die Dicke eines

---

[1] Khamm Hierarchiae Augustanae Auctar. Partis I. cathedralis c. I. No. 5.

jeden war die eines Mannes, und sie hatten 24 Enden. Eine Rippe desselben Thieres von unglaublicher Länge und Stärke war dort ebenfalls aufbewahrt. Von dem Propste von Ellwangen ist 1614 ein Ritter hingeschickt worden, um sich von der Wahrheit des Gesagten zu überzeugen, und diesem wurden die genannten Gegenstände zu seinem größten Erstaunen gezeigt. Von Ermenricus, einem Zeitgenossen und Biographen des ersten Abtes von Ellwangen, Hariolph, wird die Legende auf folgende Weise berichtet[1]):

Der Gründer des Ortes ist Hariolphus, welcher später Mönch wurde und seinem Bruder Erlopf in der Bischofswürde folgte. Ehe Hariolphus sich dem geistlichen Stande gewidmet hatte, machte er mit seinem Freunde Cadolphus, einem Edelmanne, Jagd auf einen Elch im Walde Virgunna. Während er im Dickicht mit seinen Gefährten übernachtete, schlief er, von Mattigkeit überwältigt, ein und hörte im Traume Glockengeläute aus dem Thale, in welchem später das Kloster erbaut wurde. Bei dem Aufwachen machte er das Kreuzeszeichen, worauf er wieder einschlief. Abermals hörte er dasselbe Läuten. Als sich solches jedoch auf dieselbe Weise zum dritten Male wiederholte, weckte er einen seiner Begleiter und fragte ihn, ob er nichts gehört habe. Auf die Bejahung seiner Frage fuhr er

---

1) Khamm a. a. O. c. II. No. 13.

fort: „Warum hast du mich nicht geweckt?" worauf der Gefährte antwortete: „Schweige und bekreuzige dich, in den Einöden wird oft Außergewöhnliches gehört." Von dieser Nacht an verlor Hariolphus alle Freude an der Welt, reiste zu seinem Bruder Erlolphus und legte die Mönchskutte an. In der Folge bewog er Erlolph mit ihm, nach dem Virngrunde zu reisen, um dort eine, zum Klosterbaue taugliche Stelle zu suchen. Die Brüder durchwanderten den ganzen Wald, baten Gott um seine Beihülfe und sangen geistliche Lieder ab, unter andern den Psalm Davids 132. Bei dem vierzehnten Verse desselben: „Dies ist meine Ruhe ewiglich, hier will ich wohnen," stieß Hariolph an einen Ast und stürzte nieder. Dieses war ihnen ein Gotteszeichen, worauf durch Umhauen der nahen Bäume die Stelle des künftigen Klosters bezeichnet wurde. Der bald in Angriff genommene Bau war im Jahre 764 so weit vollendet, daß die Einweihung der Kirche zu Ehren des Erlösers und der Jungfrau Maria stattfinden konnte. Als Schutzpatron wurde der heilige Vitus, zur Ordensregel die des hl. Benedict gewählt und die Stiftung unter den Schirm Pipins gestellt. Zum Andenken an die Veranlassung seiner Gründung erhielt das Kloster den Namen Elsaug[1]), woraus la=

---

[1]) Crusius, Schwäbische Chronic p. 1, l. II. c. 7, wo auch ein Verzeichniß der Aebte und Pröpste von Ellwangen zu finden.

tinisirt Elephanciacum¹) monasterium Elehenwanc²) Elchenwanc³) Elwangen⁴) entstanden ist; auch sah man noch lange in der Kirche aus derselben Ursache einen Lesepult, oder nach Crusius ein Evangelienbuch mit einer Elchhaut überzogen. Pabst Hadrian I. hatte einstens die Körper der hl. Sulpicius und Servilianus dem Bischof von Langres Erlolph überlassen. Dieser gab sein Bisthum auf, brachte die Reliquen nach Ellwangen, wo beide Brüder fortan blieben und nach ihrem Tode in dem Chore der Kirche begraben wurden. Kaum war die Abtei vollendet, so strömte schon von allen Seiten das Volk herbei, um sich und ihre Habe dort Gott zu weihen. Am Anfange hatte Hariolph nur drei Gefährten; als er aber von dieser Erde schied, hinterließ er 300 Mönche⁵). Die Tradition läßt ihn zwar seinem Bruder in der Bischofswürde von Langres folgen, in welchem Falle er Titularbischof geworden und, wie viele andere, sein Bisthum nie bezogen haben würde.

Pipin begabte die Abtei bei ihrem Entstehen mit einem reichen Widdum. Zu den ersten Wohlthätern derselben gehörte ein Ministeriale Carls des Großen

---

1) G. Bruschius chronologia monasteriorum p. 171.
2) Pertz Mon 3, 224.
3) Urkunde von 823.
4) Urkunde von 979.
5) Khamm a. a. O. c. II. Nr. 15.

Namens Sonhar, welcher, durch göttliche Gnade und die Wunder, welche sich stets in der jungen Stiftung ereigneten, bewogen, unter dem Abte Hariolph das Laienkleid gegen das klösterliche vertauschte und dabei seine ganze Habe dem Altare der Kirche weihte. Diese bestand aus den Ortschaften St. Georg, Wiesenbach, Schriezheim mit den dort befindlichen Wäldern, Weinbergen, Aeckern, Leibeigenen u. s. w. Nachher reute ihn sein Entschluß, und auf Anregung des Teufels wollte er das Ganze rückgängig machen. Dafür wurde er von den Heiligen Sulpicius und Servilianus nächtlicher Weile aus seiner Zelle geholt und vor ihren Altar, worauf die Jungfrau Maria saß, geschleppt. Nachdem ihm dort seine Gesinnungsänderung vorgehalten worden war, wurde er auf Befehl Maria's dermaßen durchgepeitscht, daß er versprach, seinem ersten Entschlusse treu zu bleiben. Zeuge dieser Handlung war Grimoldus, ein Mönch, welcher zufälligerweise sein Gebet während der Nacht in der Kirche verrichtete und Sonhar selbst erzählte in der Frühe dem Abte und Convente das ihm Widerfahrene, indem er zum Beweise seine gebläuten Schultern zeigte [1].

Die Originalurkunden des Klosters sind mitunter durch häufige Feuersbrünste größtentheils zu Grunde gegangen und nur durch Abschriften aus dem 15. Jahr-

---

[1] Khamm a. a. O c. II. No. 24.

hundert in dem Diplomatorium von Ellwangen, sowie durch spätere Bestätigungen derselben oder ihre Copien in Khamm's Hierarchia Augustana und Lünig's Reichs=
archive bekannt. Die älteste erhaltene Urkunde ist vom Jahre 814. Die Aechtheit einer früheren, von Son=
har aufgestellten und von Khamm angegebenen, ist un=
verbürgt. Im genannten Jahre bestätigte Kaiser Lud=
wig dem Abte Hariolph den schon von Karl dem Großen ertheilten Freibrief, nahm die Stiftung von neuem in des Reiches Schutz, verbot jede Einmischung weltlicher Richter in ihre Angelegenheiten und gestattete dem Convente die freie Abtswahl [1]).

Der Aufschwung des Klosters geschah sehr rasch; im Jahre 817 setzte Kaiser Ludwig sein Capitulare auf, wodurch die Klöster in drei Klassen eingetheilt wurden; die erste Klasse hatte Heeresfolge und jährliche Geschenke zu leisten, die zweite eine jährliche Abgabe ohne Heeresfolge, und die dritte nur das Gebet für die kaiserliche Familie und das Reich. Damals schon wurde Ellwangen der zweiten Klasse zugetheilt [2]). 823 incorporirte Kaiser Ludwig der Abtei Ellwangen das Kloster Gunzenhausen; 893 bestätigte ihr König Ar=
nulph die von seinem Vorfahren gewährten Begünsti=
gungen.

---

1) Württemb. Urkundenbuch Th. I. S. 79; ebendaselbst sind alle folgenden Urkunden Ellwangens zu finden.

2) von Stälin, Wirtemb. Geschichte B. 1, S. 372.

Auf Bitte des Erzbischofs Hatto von Mainz¹), dessen Schirm, wie dabei bemerkt wird, Ellwangen empfohlen war, und auf Veranlassung eines seiner Nachfolger, Wilhelm, geschah es, daß Kaiser Otto I. im Jahr 961 die Rechte des Klosters, unter welchen die freie Abts= wahl, bestätigte. Cleß behauptet daher, daß das zur Augsburger Diöcese gehörige Kloster Ellwangen am Ende des neunten und Anfang des zehnten Jahrhun= derts unter der Administration der Erzbischöfe von Mainz gestanden habe²). 979 befreite Papst Bene= dict VII. das Kloster von jeder bischöflichen Oberhoheit und stellte es unter die unmittelbare Jurisdiction des apostolischen Stuhles. Dadurch war es beinahe bis zur Höhe eines Bisthums gestiegen, weil ein exempter Probst nur vom Papste selbst Befehle anzunehmen hatte. Diese Ausnahmsstellung bezog sich aber nur auf das Klo= ster, seine Gebäude und Insassen; die Stadt Ellwangen mit ihren Klöstern blieb den Bischöfen von Augsburg untergeordnet. Fernere Schutzbriefe erhielt die Abtei 987 vom Kaiser Otto III., der ihre früheren Freiheiten bestätigte, und 1003 vom Kaiser Heinrich II., der ihr die gleichen Privilegien, welche Fulda und Reichenau

---

1) Wohl Hatto I. von 891—913. Sein vierter Nach= folger Wilhelm (954—968) wird als Bruder Otto's bezeichnet. Vgl. Mooyer S. 62. Kaiser Otto ist der Zeit nach Otto I.

2) D. F. Cleß, Versuch einer kirchlich-politischen Geschichte von Württemberg B. 1, S. 569.

besaßen, ertheilte. Um diese Zeit hörte sie auf, ein Kloster im strengen Sinne zu sein, indem der damalige Abt Hartmann für sich und seine Nachfolger in den Fürstenstand erhoben wurde. Die Urkunde, welche Kaiser Heinrich II. darüber ausstellte, ist schon längst verloren und war nicht mehr zu finden, als 1641 Probst Blarer von Wartensee sich darauf berufen wollte [1]). Daher wird die Entstehungszeit der gefürsteten Abtei verschieden angegeben. Manche Autoren setzen dieselbe erst in das Jahr 1011. — Zum Fürsten erhoben, hatte der jeweilige Abt Sitz und Stimmrecht auf Reichs- und Kreistagen; erbliche Schenke wurden die Edlen von Rechberg, Marschälle die Adelmann von Adelmanns- felden, Kämmerer die von Freiberg, und Truchsasse die Blarer von Wartensee [2]). Unter dem ersten Fürstabte Hartmann brannte das Kloster mit der Kirche bis auf die Krypta ab, worauf es anfangs, vermuthlich nur nothdürftig wieder hergestellt wurde; 1024 überließ ihm Kaiser Heinrich II. [3]) den königlichen Wildbann im Virngrunde; in der darauf bezüglichen Schenkungs- urkunde sind die Grenzen desselben angegeben, woraus ersichtlich, daß der Wald sich über die heutigen Ort-

---

1) Alois Sedler, Beschreibung der gefürsteten Reichspropstei Ellwangen S. 106.
2) Khamm a. a. O. c. III. No. 58.
3) Württemb. Urkundenbuch 1, 256.

schaften Ellwangen, Crailsheim und Gaildorf erstreckte. Am Anfange des 12. Jahrhunderts wurde die Kirche so ziemlich in ihrer jetzigen Gestalt wieder aufgebaut und 1124 von Udalricus, Graf von Kyburg und Bischof von Constanz, mit ihren damaligen 12 Altären eingeweiht. In diesen Altären waren Reliquien der Heiligen: Euphrosina, Theodora, Quartus, Quintus, Bonifacius, Benignus, Speusippus, Eleusippus, Meleusippus, Leonilla, Junilla, Donatilla, Nero und Turban [1]).

Durch Feuersbrünste wurde das Kloster auch in der Folge häufig heimgesucht; große Brände sind aufgezeichnet aus den Jahren 1182, wobei die Bibliothek zu Grunde ging, 1201, 1255, 1304, 1308, 1351 und 1443, in welch letzterem Jahr das Dormitorium, Refectorium und der Kreuzgang zerstört wurden. Um wieder zur Reihenfolge der Klosterbegebenheiten zurückzukehren, bemerken wir, daß Ellwangen 1152 von König Friedrich I. Barbarossa, mit Allem, was fromme Freigebigkeit dahin gestiftet hatte, in des Reiches Schutz genommen und daß zugleich der Befehl erlassen wurde, der Kastenvogt solle nur dreimal des Jahres mit nicht mehr als 12 Pferden sich dort aufhalten dürfen. Eine päpstliche Bulle von Eugen III. wiederholte 1153 den apostolischen Schirm und schloß alle dagegen Handelnden

---

1) Khamm a. a. O. No. 62, 63.

von den Tröstungen der Religion aus; Papst Alexander bestätigte 1179 diese Bulle. 1193 nahmen Abt Heinrich und die Brüder des angesehenen Klosters Fulda den Abt Kuno I. und den Convent von Ellwangen in ihre geistliche Brüderschaft auf.

Damalige Advocaten des Klosters waren die benachbarten Grafen von Oettingen. Einer derselben, Ludwig, wird 1198 als Beschützer von Ellwangen erwähnt; ihrer Gerichtsbarkeit mögen die seit dem Anfange des 11. Jahrhunderts gefürsteten Aebte sich manchmal entzogen haben, und aus einem solchen Anlasse kann 1279 das Kloster verbrannt und sein Abt Ekkehard in Gefangenschaft gesetzt worden sein [1]).

In der damaligen Zeit gehörte zum Klosterbesitze [2]): Ein Hof in Pfahlheim seit 218, Güter bei Westhausen seit 1147, bei Kochen seit 1240, eine Ceile in Stimpfach von Abt Albert von Ellwangen 1170 gegründet, die Burg Baldern 1215 ertauscht; die Probstei Wiesenbach; die Lehensherrlichkeit über die Veste Thurneck, den Ort Rohrbach; Kirchensatz und sonstige Besitzungen in Magerbein, umgetauscht 1259; ein Theil des Berges Gauchenberg bei Altheim im Rieß erworben 1261; die Lehensherrlichkeit über die Stadt Baireuth, die Veste Kabolsburg seit 1265; Lehengüter in Ebig-

---

1) von Stälin a. a. O. B. 3, S. 37.
2) ibid. B. 2, S. 692.

heim und Oppau bei Frankenthal gegen dergleichen in Frankenthal ertauscht 1256.

Die Vogtei von Ellwangen kam von den Grafen von Oettingen an das Reich, aber um das Kloster bei Ueberfällen und Angriffen leichter zu schützen, wurden später wieder Schirmherrn ernannt. 1338 beauftragte Kaiser Ludwig IV. den Grafen Ulrich III. von Württemberg mit dem Schirme der Abtei. Die Söhne dieses Grafen, Eberhard II. der Greiner und Ulrich IV., mißbrauchten bekanntlich die Rechte ihrer Landvogtei, weßwegen sie 1360 durch König Karl IV. derselben verlustig erklärt wurden. Auch auf dem Kloster Ellwangen mag ihr Schutz schwer gelastet haben, weil sich dieses 1360 von dem Könige die Grafen von Helfenstein als Beschützer ausbat und erhielt. 1371 war aber der seinen Bruder überlebende Graf Eberhard II. wieder in den Besitz der Landvogtei gekommen und wohl zugleich in den der Schirmherrschaft von Ellwangen; denn am 24. Juli 1372 ertheilte Kaiser Karl dem dortigen Abte Albrecht die Freiheit, daß das Kloster, sowie dessen Leute und Güter weder von einem kaiserlichen Hof- noch Land- oder sonstigen Gericht, sondern nur von dem Grafen Eberhard von Württemberg klagbar belangt werden sollten, „den wir dem Kloster zum Schirmer von Unser und des Reiches wegen gegeben haben[1]).

---

1) von Stälin a. a. O. B. 3, S. 358.

1381 verkauften die Grafen Ludwig, Friedrich der ältere und Friedrich der jüngere zu Oettingen die Vogtei nebst dem Geleite zu Ellwangen dem Abte und Convente daselbst; in einer Urkunde vom Februar 1392 erkannten Fürstabt Albert IV. und sein Convent die Grafen von Württemberg Eberhard II. und dessen Enkel Eberhard III. den Milden als Schirmherrn des Klosters an, wobei sie zugleich die Bedingung machten, daß die im Freibriefe Kaiser Karl IV. ertheilten und von König Wenzeslaus bestätigten Rechte unangetastet bleiben sollten. Diese Periode des Klosters gehörte nicht zu den glücklichen. Als die Pest 1348 herrschte und fast alle Mönche die Gotteshäuser verließen, dabei alles, was sie besaßen, verpraßten, blieb zwar das Kloster Ellwangen standhaft und harrte muthig aus, allein 1351 brach in der Stadt ein, hauptsächlich gegen das Geschlecht der Haaken gerichteter Aufruhr aus, durch welchen das Kloster ebenfalls beschädigt und der St. Michaelsthurm seiner Kirche verbrannt wurde [1]). Zu den Ausgaben, welche durch diese Wiederherstellungen nothwendig wurden, fügte Abt Kuno II. im Jahre 1354 neue hinzu, und zwar durch den Bau des Schlosses. Sein Nachfolger Albert Haak war nicht sparsamer, verweilte viel am Hofe seines Schirmherrn, ließ auch die Klostergebäude wieder herstellen und verschönern, lauter Dinge,

---

1) Khamm a. a. O. c. III. No. 95.

durch welche die Schuldenlast des Convents so stark anwuchs, daß derselbe 1397 auseinander gehen mußte, um durch mehrjährige Aufhebung des Haushaltes seine Finanzen zu verbessern [1]). Wann er zurückkehrte, finde ich nirgends angegeben; doch war er wahrscheinlich 1401 wieder vereinigt, indem in diesem Jahre K. Ruprecht seine Lehen, Regalien und Freiheiten von Neuem bestätigte. Der Schirm von Seiten Württembergs veranlaßte, daß Ellwangen auch in die Fehden dieses Landes verwickelt wurde. So bedrängten im Jahre 1422 Konrad und Albrecht von Schwabsberg die Abtei. Beide wurden jedoch von den Grafen von Württemberg gefangen genommen und erst 1413 gegen den Schwur, weder Württemberg noch Ellwangen ferner zu befehden, in Freiheit gesetzt [2]). Weil das Reich stets die Obervogtei des Klosters inne hatte, mußte dieses 1431 zum Hussitenkriege 15 Mann stellen.

Die gefürsteten Aebte von Ellwangen waren meist abwesend. Die Mönche aber, seit längerer Zeit adeligen Geschlechtern angehörig, strebten statt der klösterlichen Zucht Ungebundenheit und abgesondertes Einkommen an, besonders als ihnen eine durchgreifende Reformation unter dem Abte Johann von Hirnheim drohte. Durch Verwendung des Augsburger Bischofs Peter von Schaumburg gelang es den Mitgliedern des

---

1) A. Sedler a. a. O. S. 104.
2) von Stälin a. a. O. B. 3, S. 428.

Conventes weltliche Chorherrn zu werden. Am 14. Januar 1459 erließ Papst Pius IV. zu Mantua eine Bulle, wodurch Ellwangen in ein weltliches Ritterstift umgewandelt, dem Grafen Ulrich V. von Württemberg und seinen Erben die bisherige Schutzherrlichkeit bestätigt und das Recht zwei Präbenden zu präsentiren, eingeräumt wurde. Am 2. April 1460 vollzog Bischof Peter von Augsburg diese Umwandlung, und am 5. December 1460 bestätigte König Friedrich III. die nunmehrige Probstei und ihre Freiheiten. Johann von Hirnheim wurde der erste Fürstpropst des neuen Ritterstiftes, welches König Friedrich III. 1460 in des Reiches unmittelbaren Schutz zurücknahm, als Graf Ulrich in die Gefangenschaft des Pfalzgrafen Friedrich gerathen war, mit dem Versprechen, solche dem Grafen nach dessen Befreiung wieder zu überlassen[1]). Dieses fand statt 1466, in welchem Jahre Graf Ulrich den Propst Albert von Rechberg mit dem Stifte und der Stadt Ellwangen wieder in seinen Schutz und Schirm aufnahm.

Das Ritterstift bestand mit Einschluß der Dignitarien aus 12 Chorherrn, welche fünf, später sogar nur drei Monate im Stift zu residiren hatten. Am regelmäßigsten verweilte dort der Dechant als Stellvertreter des häufig abwesenden Propstes, welcher in

---

1) v. Stälin a. a. O. B. 3, S. 543.

der Regel zugleich Bischof von Augsburg und mehrere Male sogar Churfürst von Trier war. Den eigentlichen Gottesdienst versahen 15 Chorvicare. Die unmittelbaren Bezüge des Propstes bestanden aus 80 — 100,000 Gulden; die Chorherrn hatten ein jährliches Einkommen von 2000 Gulden, und die Vicare 30 Malter Frucht nebst 75 Gulden an Geld [1]). Des Stiftes Wappen war eine rothe, später goldene Inful im silbernen Feld. Die einzelnen Pröpste combinirten dasselbe mit ihren Familienwappen. Das Capitel hatte zu seinem Wappen St. Vitus mit dem Kessel im blauen Felde angenommen. Das frühere Emblem des Klosters entstammte der Zeit Ludwigs XI. von Frankreich, wurde aber dennoch den Stiftern Hariolph und Erlolph zugetheilt. Es bestand aus vier goldenen französischen Lilien im blauen, durch ein rothes Andreaskreuz getheilten Feld, später wurde es, und ist es noch, das Wappen der Stadt Ellwangen.

Mit großem Bedauern sahen die Gläubigen Ellwangens Umwandlung. Stengelius, zuerst Conventual von St. Ulrich in Augsburg, seit 1630 Abt von Anhausen schrieb: Von dem Tage der Aufhebung des heiligen Ordens an hörte das Oel auf, wie gewöhnlich aus den Gräbern der in den Krypta beigesetzten Heiligen zu fließen [2]). Trithemius ließ seinem Unmuthe

[1] A. Sedler a. a. O. S. 14—16.
[2] Petri Suevia ecclesiastica p. 311.

freien Lauf, indem er sich ausdrückt: Das Benedictiner=
kloster, dessen Convent nicht nur durch Gelehrsamkeit,
sondern auch durch gutes Sittenbeispiel vorangeleuchtet
hat, ist durch die Apostasie der Aebte und Mönche in
ein weltliches Stift umgewandelt worden[1]).

Unter Fürstpropst Albert I. wurde die Kirche
1469 einer nicht näher geschilderten Renovation, die
sich namentlich auf die Altäre bezogen haben mag,
unterworfen. Derselbe Würdenträger erhielt 1470 von
Kaiser Maximilian I. für seinen Convent die peinliche
Hochgerichtsbarkeit in Ellwangen. Der letzte kaiserliche
Schutzbrief datirt von 1472. Darin bestätigte Kaiser
Friedrich III. die Rechte und Freiheiten der Propstei.
Nachdem die Fehden zwischen Herzog Ulrich und dem
Städtebunde begonnen hatten, schloß sich Ellwangen letz=
terem an. Bald nahm der Bauernkrieg seinen Anfang.
Bei dem ersten Wetterleuchten desselben entflohen die
Chorherrn, da sie sich in ihrer Stadt nicht sicher wähn=
ten. Jagsthausen, Talgingen und Baiershofen waren
bereits im Jahr 1525 von den Aufständigen verbrannt
worden, ehe sie in Ellwangen einrückten und die Kirche
nebst den Häusern des Stiftes und das Schloß des
Propstes plünderten. Einer von den Bauern setzte die
Inful des Propstes auf, ging damit durch die Stadt
und ahmte mit lächerlichen Gebärden dem geistlichen

---

1) Trith. Annal. Hirsaug. II. p.

Fürsten nach. Dieser war derzeit Heinrich Pfalzgraf vom Rhein. Seine Brüder, die Pfalzgrafen Ludwig und Friedrich, eilten auf die Nachricht von dem Vorgefallenen mit der Blüthe ihrer Reiterei nebst in Lauingen, Gundelfingen und Höchstadt geworbenen Truppen herbei, überfielen die Bauern, von welchen bei dem ersten Angriffe 436 getödtet und viele gefangen wurden; 23 der letzteren traf das Todesurtheil, die übrigen schwere Strafen. Der Rest der Bauern zerstreute sich fliehend nach allen Richtungen, und Ellwangens Bürgerschaft, von welcher viele an den Excessen theilgenommen hatten, huldigte von Neuem dem Fürstpropste[1]). Nach Beseitigung der Gefahren des Bauernkrieges kamen andere, welche der Benedictiner Khamm mit folgenden drastischen Worten beschreibt:

Das pestilenzialichste Gift der herumschleichenden Häresie, welches in den Worten und Schriften Luthers enthalten ist, ergoß sich mit staunenswerther Schnelligkeit über ganz Deutschland und wurde auch in Ellwangen von Mehreren getrunken. Dieser tödtlichen Giftschlange befahl Propst Heinrich, nicht eine Ader, sondern den ganzen Hals abzuschneiden, und vertrieb sie auf diese Weise. Er ließ 32 von der lutherischen Lehre Angesteckte, etwas von einander entfernt, an einem langen Stricke zusammenbinden, die Gravirtesten

---

1) Khamm a. a. O. c. IV. No. 163 ff.

voran und so durch die Stadt führen. Als der Reigen an dem Marktplatz angekommen war, wo ihn der Henker erwartete, wurde der erste der Schuldigen losgebunden und ihm der Kopf abgehauen. Diese Procedur wurde mit dem zweiten, dann mit dem dritten wiederholt. Dasselbe Schicksal sollte Alle treffen, und schon war der vierte zur Enthauptung bereitet worden da rettete ihn, wie seine Unglücksgefährten, das vereinigte Bitten der Chorherrn, Bürger und Weiber von der Todesstrafe. Doch mußten sie vor ihrer Freilassung schwören, zukünftig weder durch Handlungen noch das geringste Wörtchen der Häresie zu dienen. Zu gleicher Zeit, bald nach Beendigung des Bauernkrieges, wurden zwei Geistliche aus Ellwangen, welche zur neuen Lehre übergegangen waren, von Propst Heinrichs Brüdern zu Lauingen gefangen genommen und dort enthauptet. Ihrer Stellung im deutschen Reiche gemäß, hatte die Propstei 1532 im Kriege gegen die Türken 10 Reiter und 36 Mann zu Fuß auszurüsten.

Fürstpropst Heinrich's Nachfolger Otto, suchte ebenfalls die Reformation von seinem Lande fern zu halten, welche unter der Aegide des Herzogs Christoph von Württemberg hart an die Grenzen desselben vorgerückt war.

Um deren Eindringen zu verhüten, forderte Propst Otto den damals regierenden Herzog Ludwig auf, des Stiftes Unterthanen in Religions= und Profansachen wider Propst, Dechant und Capitel keinen Beistand zu leisten. Da aber die Ellwanger Unterthanen sich bisher unter Württembergischen Schutze wohl befunden hatten, so baten sie wiederholt um denselben. Der Propst sah sich daher veranlaßt, nachzugeben und durch seinen Dechanten den Huldigungseid zu leisten, indem dieser vor dem Tische, auf dem das Evangelium lag, niederkniete und den Eid im Namen des Propstes hersagte. Am 9. December 1572 stellte der Propst den neuen Schirmbrief in seinem, des Dechanten und des Capitels Namen aus [1]. Um die katholische Religion aufrecht zu erhalten, berief 1585 Propst Wolfgang Jesuiten von Hausen nach Ellwangen, und 1612 ließ Propst Christoph zwei Jesuiten kommen, welche beständig an seinem Hofe zu verweilen hatten. Das Verhältniß zu Württemberg löste sich abermals im dreißigjährigen Kriege, in dessen Verlaufe die Propstei auf Seite der katholischen Liga trat.

Während des Siegeszuges der schwedischen Armeen durch Deutschland entflohen die Chorherrn, und ihr damaliger Propst Blarer von Wartensee begab sich 1631 nach Salzburg [2]. Das Fürstenthum Ellwangen wurde von den protestantischen Heeren besetzt und von dem Könige Gustav Adolph dem Grafen von Hohenlohe ver-

---

1) Evangel. Kirchenblatt für Württemberg 1. December 1842.
2) Khamm u. a. O. c. IV. No. 22 ff.

ließen¹) Den katholischen Waffen lächelte das Glück im Jahre 1634. In Folge dessen mußte der Graf von Hohenlohe das Fürstenthum räumen. Propst Blarer von Wartensee nahm sodann Besitz davon und versammelte wieder seine zerstreuten Chorherrn. Durch den dreißigjährigen Krieg wurde das ganze Land verwüstet. Was für den Fürstabt aber das Aergste war, der Saamen der Reformation wurde überall ausgestreut, sowohl Beichte als letzte Oelung war außer Gebrauch gekommen, und überall war Mangel an Priestern. Diesem Uebelstande mußten abermals die Jesuiten abhelfen, unter welchen die Patres Anreiter und Hefelin sich durch ihren Eifer auszeichneten. Von dem Reichthum des Stiftes macht man sich eine Vorstellung, wenn man erwägt, daß trotz der schrecklichen Verheerungen des dreißigjährigen Krieges die Stiftskirche von Propst Johann Christoph von Freiberg mit großen Unkosten zwischen den Jahren 1660 und 74 im Zopfstile umgeändert werden konnte. Gewinnbringend waren besonders die Wallfahrten nach der seit 1639 auf dem Schönenberge errichteten Loretto-Kapelle; den dortigen frommen Processionen und Spenden gab Papst Clemens IX. einen verstärkten Impuls durch Ertheilung eines damit verbundenen vollkommenen Ablasses.

---

1) Die Schilderung der Besitznahme durch Hohenlohe's Mandator v. Berlichingen im Anz. des Germ. Museums 1869.

Die Kriege am Ende des siebenzehnten Jahrhunderts mit den Franzosen, sowie der spanische Erbfolgekrieg brachten viel Ungemach über die Besitzung des Stiftes, ohne auf dieses selbst einen wesentlichen Einfluß auszuüben. In den Jahren 1737 bis 39 wurden unter Franz Georg, Graf von Schönbrunn, sämmtliche Bautheile des Innern der Kirche, welches nicht zopfig genug erschien, in diesem Stile vollendet. Fernere Umänderungen fanden statt unter demselben Propste 1753 und seinem Nachfolger Anton Ignaz, Graf Fugger-Glött, 1774. Im Anfange unseres Jahrhunderts wurde das Stift Ellwangen säcularisirt: Württemberg hatte sich dasselbe in dem Separatvertrage mit der französischen Republik im Jahre 1796 sammt dessen Gebiete als künftige Entschädigung ausbedungen. Das Fürstenthum bestand damals aus der Stadt, 1 Marktflecken, 22 Pfarrdörfern, 22 Dörfern, 180 Weilern, Höfen und einzeln stehenden Häusern[1]). Im Jahre 1803 mußte der letzte Propst Clemens Wenzeslaus sein Fürstenthum durch Reichsdeputations-Hauptschluß an Württemberg abtreten und erhielt dagegen eine Pension von 20,000 Gulden. Als Bischof von Augsburg lebte er noch bis zum Jahre 1812. Die Chorherren wurden ebenfalls mit einem jährlichen Gehalte verabschiedet

---

1) **Das Königreich Württemberg** von dem k. statistisch-topographischen Büreau. Stuttgart 1863, S. 887.

und Ellwangen ward in der ersten Zeit Hauptstadt von Neu=Württemberg.

Die Stiftskirche wurde von nun an zweite Pfarr= kirche. Die Magdalena=Kapelle, welche auf dem Gottes= acker vor derselben stand, sowie die nebenan befindliche St. Peter= und Pauls=Kapelle wurden niedergerissen, der Friedhof selbst zum Marktplatz umgewandelt. Seit 1818 ist die frühere Stiftskirche erste Stadtpfarrkirche, statt der früheren, 1427 von Fürstpropst Johann von Holzingen erbauten, welche in Folge die zweite wurde. Vor wenigen Jahren wurde der Plan gefaßt, die romanische Basilika in ihrer früheren reinen Bauart wieder herzustellen. Die Pfeiler wurden deßhalb stellen= weise von ihrem Kalkverputze befreit, wobei es sich zeigte, daß die Kämpfer derselben mit schönem romani= schen Pflanzenornamente verziert, aber zur Anheftung des Stucks bei der Verzopfung vielfach mit Löchern durchbohrt waren. Der Kostenanschlag der Wieder= stellung (14,000 Gulden) überstieg das ganze Kirchen= mögen; zudem läßt sich nicht läugnen, daß der prunk= volle Jesuitenstil dem Volke bei weitem mehr imponirt, als die reinen Formen des Romanismus. Doch scheint, indem ich diese Zeilen niederschreibe, die Restauration des Gotteshauses in seiner primitiven Gestalt von Neuem beschlossen zu sein und realisirt zu werden.

Ungewiß, wie das nur von Legenden beleuchtete Entstehen des Klosters, ist die Reihenfolge seiner ersten

Aebte. Ihre hierfolgenden Liste entnahm ich dem oft angeführten Werke des Benedictiners Khamm und die letzten Pröpste A. Seckler's Beschreibung der Propstei Ellwangen:

1) Hariolphus wird insgemein für den ersten Abt gehalten. Er kömmt noch im J. 814 in der Urkunde des Kaisers Ludwig vor; 2) Wicterpus (Wicpertus?) wurde später Bischof von Augsburg; 3) Grimoaldus regierte acht Jahre; 4) Ottbaldus; 5) Adalgerus I.; 6) Syndoldus, † 830, genannt in der Urkunde Kaisers Ludwigs I. von 823; 7) Gauderadus, gew. 830, † 823; 8) Ermenricus, gew. 845, † 862, beschreibt das Leben und die Wunder Hariolph's; 9) Perno, gew. 863, † 870; 10) Aschericus, gew. 870, † 883; 11) Linobertus verwaltete Ellwangen als Commende von 883 bis 887; seit 863 war er Bischof von Mainz. Serarius berichtet von ihm: Er habe in Gegenwart des Königs Ludwig zu Frankfurt einen Teufel aus des Königs Sohn Karl, der diesen unerträglich quälte, ausgetrieben. Nach Bruschius hat er die St. Mauritius-Kirche in Mainz gegründet; er starb 889; 12) Hatto, erwählt 888, † 905, von königlich-fränkischem Stamme, stand 21 Jahre dem Mainzer Bisthum und 17 der Ellwanger Abtei vor, wird genannt in der Urkunde des Königs Arnulph von 893; 13) Adalbero, ernannt 905, † 922, war zugleich Bischof von Augsburg und einstens Lehrer König Ludwigs III.; 14) Girbert, 944; 15) Hermann,

† 956; 16) Hartpertus, gew. 956, † 974, in der Urkunde K. Otto von 964 genannt; 17) Winitharius, ernannt 974, † 990, erscheint in der Bulle Papst Benedict VII. von 978 und in dem Schutzbriefe K. Otto III. von 987; 18) Gebhardus, erwählt 990, † 1002 zu Augsburg, war früher Propst des hl. Udalricus, dessen Biograph er ist, zu Augsburg, dann Mönch in Ellwangen, seit 996 auch Bischof in Augsburg; 19) Hartmannus, gew. 998, † 1011, genannt in der Urkunde Kaiser Heinrich's II. von 1003. Mit ihm fangen die Fürstäbte an; 20) Berengarius, gew. 1011, † 1026, erscheint in der Urkunde Kaisers Heinrich II. von 1024; 21) Odenbert, † 1035; 22) Richardt, früher Mönch zu Fulda, † 1040; 23) Aaron, † 1060; 24) Reginger, † 1076; 25) Udo, † 1090; 26) Isembert, † 1094; 27) Adalgerus II., † 1102; 28) Ebo, † 1113; 29) Richard II., † 1118, 30) Helmerich, Graf von Oettingen, gew. 1118, † 1136; P. Calixtus II. bestätigte ihm 1124 die Exemption der Abtei und die Privilegien, welche Fulda und Reichenau besaßen; 31) Albert I. von Königsberg, nach Andern von Ramsperg, †1173, erscheint 1152 in einer Urkunde Friederich Barbarossa's; bei diesem war er sehr angesehen und an seinem Hoflager in Ulm 1157, Nürnberg 1163, Bischofsheim 1165; 32) Albert II., resignirte 1188; 33) Kuno I., erwählt 1188, 1221, seit 1217 zugleich Abt von Fulda. Dieser tritt in der Geschichte sehr bedeutend auf. Im

Jahre 1189 ist er bei Herzog Friedrich im Kloster Lorch Zeuge einer Urkunde des Herzogs für dieses Kloster; 1192 bei K. Heinrich VI. in Mühlhausen; 1200 wendet er sich mit anderen Großen in Angelegenheiten K. Philipps an den Papst und wohnte nach dem Tode dieses Königs dem wichtigen Würzburger Reichstag 1209 an; auf's Engste war er mit K. Friedrich II. verbunden und weilte im Hoflager dieses Königs 1214 am 16. März in Nürnberg; 1216, April 28. bis Mai 15., in Würzburg, Juli 26. in Ulm, September 8. in Nürnberg; 1217, Februar 5. in Ulm; 1218, October 26. in Nürnberg; 1219, v. T. in Worms, August 15. in Frankfurt, November 2. in Nürnberg; 1220, Juli bis August 17. in Augsburg; in seinem letzten Lebensjahre wurde Kuno von demselben König nach Rom gesandt, um wegen der Kaiserkrönung das Nähere mit dem Papste zu verabreden[1]); 34) Gotbaldus I., gew. 1221, † 1228; 35) Albert III., gew. 1228, resignirt 1240, erscheint 1225, Juni 24., bei K. Heinich VII. in Ulm; 1235 bei Kaiser Friedrich II. in Mainz bei Errichtung des Herzogthums Braunschweig; 36) Siegfried, gew. 1240, resignirt 1242; 37) Ruggerus, † 1246; 38) Gobebald, 1246, † 1249; 39) Rudolph I., 1249, † 1255; 40) Otto von Schwabsberg, 1255, † 1269; 41) Conrad, gew. 1269, regierte

---

1) von Stälin a. a. O. B. 2, S. 693.

9 Jahre und resignirte nachher; 42) Eckardus von Schwabsberg, erw. 1278, † 1309; 43) Ehrnfried von Felberg, regierte nur 2 Jahre; 44) Rudolph von Pfahlheim, erw. 1311, † 1332; 45) Kuno II. von Gundelfingen, erw. 1333, † 1367, wird genannt in Urkunden Kaiser's Ludwig IV. von 1335 und Karl's IV. von 1347; er erhob Ellwangen zur Stadt, indem er den Ort mit Mauern umgab; 46) Albert IV., Haack von Hoheneck, gew. 1367, resignirte 1401 und soll noch 1407 gelebt haben; er wohnte meist auf seiner Burg Rotenbach; 47) Siegfried II., ernannt 1401 von P. Bonifacius IX., † 1427, vermehrte sehr den klösterlichen Landbesitz und war (als Schiedsrichter) 1414 auf dem Concilium zu Constanz; 48) Johann I. von Holzingen, erw. 1427, † 1452, legte den Grundstein zu der jetzt noch stehenden Pfarrkirche und erbaute ein Rathhaus, Magazin für Wolle, Getreide 2c. Unter seiner Regierung herrschte Hungersnoth und Pest im Lande, und es wiederholten sich Feuersbrünste in der Stadt, sowie im Kloster; 49) Albert V., Schenk von Schenkenstein, 1452 vom Convente gewählt, war aber dem Protector desselben, dem Herzoge von Württemberg, nicht genehm; er dankte daher 1453 ab und wurde wieder Chorherr; 50) Johann von Hirnheim, 1453 von dem Herzoge von Württemberg ernannt, konnte den Convent nicht für sich gewinnen. Als er 1454 eine Reformation des Klosters vornehmen wollte, beschleunigte er nur dessen

Umwandlung in ein Ritterstift. Er wurde zwar zum ersten Propste ernannt (1460), resignirte aber schon im Jahre darauf und zog sich nach seinem Schlosse Kochenburg zurück, wo er 1480 starb.

In der durch Hirnheim angefangenen Reihe der Pröpste folgen: 2) Albert I. von Rechberg von Hohenrechberg, erwählt 1461, † 1502. Bei seiner Wahl war er noch sehr jung und studirte zu Tübingen, während dessen dienten seine Einkünfte zu dem Baue der Wolfgangskirche, neben welche er später den allgemeinen Friedhof verlegte, der bisher bei der Stiftskirche war. Er wurde 1461 als Propst vom Kaiser Friederich III. bestätigt, doch ist die Urkunde darüber erst 1472 ausgestellt; 1495 war er bei den Großen, welche den Grafen Eberhard im Bart bei seinem herzoglichen Zug nach Worms zu Kaiser Maximilian begleiteten. 3) Bernhard von Westerstetten folgte 1502; er wurde durch Diplome des Papstes Alexander VI. und des Kaisers Maximilian I. bestätigt, starb aber schon nach zehn Monaten; 4) Albert II., Thumm (Thumb) von Neuburg, folgte 1503. Durch die Reinheit seiner Sitten erhielt er den Namen homo virgineus; doch seine Strenge verfeindete ihm die Chorherrn, so daß er 1519 resignirte; er ernannte, zwar ohne Zustimmung des Conventes, aber mit Einwilligung des Papstes Leo X., zu seinem Nachfolger Heinrich, Pfalzgraf vom Rhein und Herzog von Bayern. Der Convent seinerseits wählte

Johann von Giltingen, wurde übrigens schließlich durch die Bischöfe von Worms und Augsburg bewogen, Heinrich anzuerkennen; 5) Heinrich, Pfalzgraf am Rhein, 1521 zur Propstei zugelassen und von Kaiser Karl V. bestätigt, wurde 1524 zugleich Bischof von Worms und 1541 von Freisingen; er starb 1551 zu Worms, hatte aber vorher, 1545, seinen Nachfolger selbst ernannt. Dieser war Wolfgang Schützbar, nach Andern Walther von Kronberg, Magister des Deutschordens, welcher bei dem Papste seine Ernennung durchzusetzen suchte, und als der Convent ihn nicht anerkennen wollte, mit Waffengewalt sich in den Besitz des Schlosses und Stiftes Ellwangen setzte. Da die Chorherrn sich nicht auf gleiche Weise vertheidigen konnten, forderten sie den Herzog Christoph von Württemberg als Patronus auf, die Stadt wieder zu erobern, was dieser auch that und sich von dem Deutschmeister 30,000 Gulden Entschädigung auszahlen ließ[1]); 6) Otto Truchseß von Waldburg, Cardinal und seit 1543 Bischof von Augsburg, folgte 1553 nach dem Rücktritt des Prätendenten, † 1573. In dem Jahre seiner Wahl geschah auch seine Bestätigung durch Papst Julius III. und Kaiser Ferdinand I.; 7) Christoph von Freiberg und Eisenberg, gew. 1573, † 1584, war vorher Domdecan zu Augsburg; 8) Wolfgang von Hausen, gew. 1584, † 1613,

---

1) M. Zeiler, Schwäb. Chronic 1653, S. 114.

zugleich Domherr von Constanz, resignirte als er 1602 zum Bischof von Regensburg gewählt wurde, indem er sich den Titel eines Propstes von Ellwangen und einen Jahresgehalt von 6,500 Gulden vorbehielt. Ellwangen verdankt ihm die Regulirung seiner Pharmacie, Häuser für die Gerichtshöfe, Reparaturen im Stifte und Erwerbungen an Land; 9) Johann Christoph I. von Westerstetten, gew. 1602, † 1620, trat der katholischen Liga bei und resignirte 1612, nachdem er zum Bischof, von Eichstetten ernannt worden; 10) Johann Christoph II. von Freiberg und Eisenberg, gew. 1613, † 1620, hielt, wie sein Vorgänger, zu der katholischen Liga; ein Jahr vor seinem Tode begannen die Vorspiele des dreißigjährigen Krieges an den Grenzen seines Fürstenthums; 11) Johann Jacob Blarer von Wartensee, gew. 1621, † 1654, ist bei der Geschichte des Klosters schon hinlänglich erwähnt; 12) Johann Rudolph von Rechberg zu Hohenrechberg, gew. 1654, † 1660, zog 1658 vier Jesuitenpatres nach Ellwangen, um den Wallfahrtsort Schönenberg zu versehen; 13) Johann Christoph III. von Freiberg und Eisenberg, gew. 1660, † 1690, resignirte 1674; unter ihm fand 1663 das 900jährige Jubiläum der Kirche statt, bei dieser Gelegenheit wurden die Gebeine der Stifter Hariolph und Erleph aus der Mitte des Chores in die Hauptapsis übertragen; von 1665 an war er zugleich Bischof von Augsburg, wohin er sich nach der Resignation auf die Propstei begab;

14) Johann Christoph IV., Adelmann von Adelmanns=
felden, gew. 1674, † 1687, legte 1682 den Grund=
stein zur ersten Schönenberg-Kirche, an deren Stelle
bisher nur eine Kapelle war; 15) Heinrich Christoph
von Wolframsdorf, gew. 1687, † 1689. Nach ihm
ward Ignatz von Peutinger zwei Jahre lang Propstei=
verweser; 16) Ludwig Anton, Pfalzgraf zu Rhein,
Herzog in Bayern, Jülich, Cleve und Berg, gew. 1691,
† 1694, verschönerte die Kirche des Schönenberges,
wurde 1691 zugleich Bischof von Worms und 1694
von Lüttich, starb aber an dem Tage seiner Erhebung
zu letzterer Würde; 17) Franz Ludwig, des Vorigen
Bruder, gew. 1694, † 1732, war Deutschmeister,
Bischof von Worms und Breslau, Churfürst von Trier
und später von Mainz. Er ließ die 1709 abgebrannte
Schönenberg-Kirche in ihrer jetzigen Gestalt erbauen;
18) Franz Georg, Graf von Schönborn, gew. 1732,
† 1756, seit 1729 Churfürst von Trier und 1732
zugleich Bischof von Worms, veranstaltete 1738 ein
achttägiges 100jähriges Jubiläum der Wallfahrt auf
dem Schönenberge, wozu P. Clemens XII. durch einen
besonderen Ablaß die opferbringenden Pilger anfeuerte;
19) Anton Ignaz, Graf Fugger-Gött zu Kirchberg
und Weissen, Weißenhorn, gew. 1756, † 1787, wurde
1769 zugleich Bischof von Regensburg und besaß ebenfalls
zwei Propsteien, Haugard und Horen, im Lande Lüttich.
1777 erblindet, erhielt er seinen Nachfolger als Coad=

jutor; 20) Clemens Wenzeslaus, königl. Prinz von Polen und Littauen, Herzog von Sachsen, gew. 1787, † 1812, zugleich Churfürst von Trier und Bischof von Augsburg, beschließt die Reihe der Fürst-Pröpste von Ellwangen, wo am 30. December 1802 der letzte Chor-Gottesdienst gehalten worden ist.

Nach diesem kurzen historischen Ueberblicke wenden wir uns der Stiftskirche zu. Diese ist eine dreischiffige, im lateinischen Kreuze erbaute gewölbte Pfeilerbasilika, mit Apsiden sowohl an dem Hauptchore als an den niedrigeren, aber gleich weit vortretenden Nebenchören, Apsidiolen an der Ostseite der Kreuzarme, mit zwei stattlichen viereckigen Thürmen über den Nebenchören in den Winkeln zwischen dem Hauptchore und den Kreuzarmen, einer westlichen Vorhalle, worüber eine Empore und über dieser ein viereckiger Dachreiter. Die Bauart ist, was das Aeußere und größtentheils das Innere der westlichen Vorhalle betrifft, aus der Blüthezeit der romanischen Architektur, und nur wenige Umänderungen fanden dort in gothischer Periode statt.

Wenn wir bei dem Umgange zuerst die Ostseite wählen, so erscheint die schmucklose Giebelwand des Sanctuariums, oben mit einer kleinen runden Lichtöffnung, unter welcher als Reste ehemaliger Fenster drei Blendbögen, von denen der mittlere höher, fast die ganze Breite des Gebietes einnehmen. In den beiden seitlichen Bögen sind kleine quadratische Fenster auf der Sohlbant angebracht. Die Ostmauer des Sanctuariums ist, wie überhaupt alle Giebelwände dieser Kirche, von bis zur Dachhöhe ansteigenden Ecklisenen begrenzt, über welche die Dachgesimse der Langseiten sich fortsetzen und wenig ausladende Karniese bilden. An den beiden von je einem Rundbogenfenster durchbrochenen und ebenfalls mit Ecklisenen versehenen Seitenwänden des Sanctuariums zieht sich unter dem vielgegliederten Dachgesimse ein romanischer Fries hin, dessen Bögen auf Consolen ruhen. Die Bögen der romanischen Friese sind allenthalben an dieser Kirche ausgekehlt, ebenso die mit ihnen in Verbindung stehenden Lisenen.

Der oberen Kante des Pultdaches der Seitenschiffe gleich und von der Breite des Sanctuariums legt sich vor letzteres die halbkreisförmige Apsis; unter dem Traufgesimse ihres Walmdaches zieht sich ein Zahn= schnittornament hin, und unter diesem ein romanischer Fries ohne Consolen. Lisenen, welche von dem ge= gliederten, die ganze Kirche umgebenden Sockel zum Friese aufsteigen, theilen die Mauerfläche der Haupt= apsis in drei Felder; in jedem derselben ist ein großes romanisches Fenster mit Rundstäben und Hohlkehlen in ihren schrägen Wandungen. Das mittlere Fenster geht nur halb so weit als die beiden seitlichen herab und ist außerdem, der innern Einrichtung der Kirche wegen, zugemauert.

Neben der Hauptapsis schließen sich, halb so hoch als diese, die Nebenapsiden an die, oben von einer runden Lichtöffnung durchbrochenen, Giebelwände der Seitenschiffe; weder Lisenen noch Friese schmücken ihre mit einem kleinen romanischen Fenster in der Mitte versehenen Mauern. Ueber dem Walmdache der südlichen Nebenapsis ist die Steinsculptur eines ruhenden Löwen, über dem der nördlichen ein antiker Kopf von unbekannter Bedeutung. Am Ende des nördlichen Seitenschiffes (dem nördlichen Nebenchore) ist, unter einem Verbau aus der Renaissance-Zeit, ein Portal, zu welchem fünf Stufen hinaufführen; dieser Eingang der Kirche war früher hauptsächlich für die Geistlichkeit bestimmt.

Zunächst kommen in Betracht die von dem Boden bis zum Knopfe 166' hohen östlichen Thürme, welche in drei Gelassen über den Dächern der Nebenchöre sich erheben. Die verschiedenen Stockwerke sind durch gegliederte Gesimse von einander getrennt, und jede Seite der einzelnen Gelasse ist durch Lisenen, welche sich oberhalb im Rundbogenfries mit Consolen vereinigen, in zwei Felder getheilt. In dem obersten Gelasse, wo unter dem pyramidenförmigen Dache ein Zahnschnittornament sich hinzieht, sind auf jeder Seite zwei Schalllöcher im Rundbogen; in dem zweiten Gelasse je zwei Kuppelfenster, in Blendbögen vertieft, mit romanischen Säulchen in ihrer Theilung und im untern Gelasse an den freien Seiten zwei Rundbogenfenster. Der nördliche Thurm ist einigermaßen von dem südlichen verschieden, seine unteren Fenster sind schmäler und höher; die des zweiten Gelasses sind im Spitzbogen; im obersten Stockwerke hingegen sind Schalllöcher wie im südlichen Thurme. Diese Thürme wurden von 1740—50 unter der Regierung des Fürstprobstes Franz Georg von Schönborn einer sorgsamen Reparatur unterworfen. Fernere Ausbesserungen wurden nöthig, nachdem der Blitz 1769 in den südlichen und 1774 in den nördlichen Thurm eingeschlagen und besonders in letzterem bedeutende Verheerungen angerichtet hatte. In die beide Thürme gelangt man von dem westlichen Dachreiter aus über dem Dachstuhl des Mittelschiffes. Der nördliche hat außerdem einen besonderen Eingang in dem ihm entsprechenden Nebenchore. Letzterer heißt auch Susannathurm von der dort hängenden Glocke dieses Namens, die mit den Bildern von Adam, Eva, Vitus, einem andern Heiligen, Christus am Kreuze und einem Wappen mit den Lilien und St. Vitus geschmückt ist. Ihre Umschrift in gothischen Buchstaben lautet: „im anfang war das wort und das wort war bei gott. hans glockengießer zu nürnberg im 1545 jahr gos mich." Diese Glocke mit einem majestätischen Tone, die größte der Stiftskirche, wird an hohen Festtagen und seit 1630 auf Veranlassung der Jesuiten am Donnerstag Abend zur Erinnerung an die Angst Jesu am Oelberg geläutet. Eine zweite in diesem Thurme hängende Glocke ist mit einer Pietas geschmückt und hat folgende Umschrift: „jesus nazaräus rer judäorum. hans glockengießer zu nürnberg gos mich 1545." In dem südlichen Thurme sind vier Glocken. Die eine mit der Umschrift: „ave rer judäorum. hans glockengießer zu nürnberg gos mich." Um die zweite steht: „ave maria gratia plena benedicta in mulieribus 1545." Auf der dritten liest man: „gloria in excelsis et in terra par hominibus b. v. (bonae voluntatis). Die vierte und kleinste ist umgegossen. Sie hat ein Crucifix und die Umschrift: sit nomen domini benedictum 1719 [1]).

Im Allgemeinen sind sich die Kreuzarme ähnlich, in ihrer architektonischen Ornamentirung jedoch ungleich. Die Seitenwände des südlichen Kreuzarmes haben keine ornamentale Ausstattung unter dem Dachgesimse, und nur im obern Theil je ein Rundbogenfenster; die östliche Wand ist größtentheils durch die zweistöckige weitläufige Sakristei verdeckt, welche sich bis zum Ende der südlichen Nebenapsis hin ausdehnt. Freier steht hingegen der nördliche Kreuzarm da; nur an seiner Nordseite schließt sich das Regierungsgebäude, das ehemalige Kloster an, und in dem Winkel, welchen er mit dem nördlichen Nebenchore bildet, tritt im Viertelskreise die

---

1) K. A. Busl, die Stiftskirche Ellwangens S. 64, 65.

fensterlose Apsidiole hervor. Seine beiden Seitenmauern haben je ein Rundbogenfenster und unter dem Dachgesimse romanische Friese über Konsolen, welche sich auch an der nördlichen Giebelbasis fortsetzen; — in der Giebelwand öffnen sich drei im Triangel gestellte Rundbogenfenster und ein gleiches im Giebeldreieck.

Zur Südfaçade der Kirche übergehend, gelangen wir zuerst an die Giebelseite des südlichen Kreuzarmes, vor welcher östlich die Sakristei 21', westlich die Josephskapelle 14' weit vortreten. Die Giebelwand ist in der Mitte von zwei romanischen, und über diesen von einem runden Fenster durchbrochen, von Lisenen begrenzt und oben durch ein stark ausladendes Gesims abgeschlossen. Auf der Mitte dieses Gesimses ist in dem Giebeldreiecke eine Nische mit rundem Kleeblattschlusse, in welcher eine Platte von eisenhaltigem, bronzefarbenem Sandsteine ein Reliefbild des jüngsten Gerichtes enthält. Neben dem über einer Weltkugel thronenden Christus knieen fürbittend Maria und Johannes der Täufer. Unterhalb ist die Auferstehung der Todten; zur Rechten des Erzengels Michael sieht man einige der Gruft entsteigende Menschen, welche dem Paradiese zuwandeln, zu seiner Linken die Hölle, durch den offenen Rachen eines Ungeheuers angedeutet, in den die Verdammten steigen. Neben dieser großen Nische sind zwei kleinere in Rundbogen und, der Renaissance=Zeit angehörigen, muschelförmigen Wölbung, in welchen

Statuen von Pröpsten auf Hervorragungen des Gesimses stehen; unter beiden ist das Klosterwappen nämlich 4 Lilien auf einem durch ein Andreaskreuz getheilten Schilde. Ein dritter Schild neben der östlichen Nische enthält das Relief eines Widders, das Emblem des Geschlechtes von Hausen. Dasselbe Wappenzeichen wiederholt sich neben der westlichen Nische, wo in einem viertheiligen Schilde in zwei Feldern der Widder, in den zwei andern die Mitra angebracht sind. In einer Mauervertiefung über dem jüngsten Gerichte steht die Jahreszahl 1588, als Zeit des Wiederaufbaues des Giebels unter Fürstpropst Wolfgang von Hausen (1584—1602). Nahe an der Spitze des Giebels ist in schwindelnder Höhe eine Rundbogenöffnung mit einer Altane.

Das südliche Dachgesims des Mittelschiffes ist der sogenannten Schauseite zugekehrt, besonders sorgfältig ornamentirt und besteht aus schräger Platte mit Schachbrettverzierung, darunter Zahnornament, Band mit sich durchschneidenden Rundbögen und endlich romanischem Fries mit untergesetzten spitzen Consolen. Auf der nördlichen, durch das Kloster den Blicken entzogenen Seite wurde der Ornamentirung geringere Aufmerksamkeit gewidmet. Dort besteht das Dachgesims am Mittel- und Seitenschiffe aus einer einfachen Hohlkehle; darunter läuft ein romanischer Fries mit Consolen hin. Die Mittelschiffwand hat sechs romanische Fenster und zwischen je zweien derselben Lisenen, die den gewölbetragenden Pfeilern des Innern entsprechen. Der obere Abschluß der südlichen Seitenschiffwand besteht aus einer Hohlkehle, darunter Rundstab und Rundbogenfries ohne Consolen. Von diesem senken sich zwischen jedem der vier Fenster, welche größer, aber von derselben Form wie die des Mittelschiffes sind, Lisenen zu einem, hier einfachen Sockel herab. Am westlichen Ende ist die sogenannte Marktthüre, das südliche im Rundbogen geschlossene Portal mit reicher romanischer Ornamentirung. Darüber öffnet sich ein großes, mit concentrischen Kreisen umgebenes Fenster. Das genannte Portal erweitert sich nach Außen in drei Abstufungen, deren Ecken von Rundstäben umfaßt und deren Flächen mit zierlichen Dekorationen versehen sind. Vielfach gebrochenes und sich durchkreuzendes lineares Ornament schmückt die innerste Abstufung, deren Bogen durch eine Büste oben unterbrochen ist; auf der zweiten Abstufung ist Blatt- und Bandwerk; der dritte skulptirte Bogen bildet die Umrahmung des ganzen Portals; zwischen zwei Rundstäben, von welchem der innere mäanderförmig gebrochen ist, zieht sich hier eine geflochtene Bandverzierung hin. Auch den horizontalen Thürsturz ziert ein linearer Skulpturschmuck. Merkwürdig sind die romanischen Flachbilder auf dem Tympanon, welchen ganz der Charakter der Bildnerei des zwölften Jahrhunderts aufgeprägt ist. In der Mitte ist der

thronende Christus, mit dem Heiligenscheine um das
Haupt und von der Mandorla umgeben, in streng archi=
tektonischer steifer Haltung die Rechte segnend erhebend und
in der Linken einen Kreuzscepter haltend. Zwei kleinere
Figuren stehen neben ihm, kurze gedrungene Gestalten
mit großen Köpfen, Heiligenscheinen und weiten parallel
gefalteten Gewändern. Die rechte ist Maria mit zum
Gebet emporgehaltenen Händen, wobei die inneren
Handflächen auswärts gekehrt sind; die linke Johannes
mit dem Evangelienbuche in der Linken, die Rechte, wie
Maria, auswärts gekehrt vor der Brust haltend. Neben
dem Südportal ist westlich, jenseits des romanischen
Fensters ein kleines rundes Fenster, welches eine durch
die Mauerdicke auf die Empore führende Treppe er=
hellt; dann folgt die Vorhalle mit drei gothischen Fen=
stern, von denen das mittlere zugemauert ist. Ueber
der Vorhalle, einem vor dem Schlusse des fünfzehnten
Jahrhunderts erfolgten Umbau des früheren offenen
Paradieses, erhebt sich die halb so tiefe und romanisch
gebliebene westliche Empore von der Höhe und Breite
des Mittelschiffes, dessen Dachgesims sich mit geringer
Veränderung der Sculpturornamente an ihrer Seite
fortsetzt; letztere ist durch Lisenen in zwei Felder ge=
theilt, in deren westlichstem ein tiefstehendes, von dem
später entstandenen Pultdache der Vorhalle größtentheils
verdecktes Fenster sich befindet. Während die Laibung
der Fenster des Langhauses schräge und einfach ist,

sehen wir diejenige am westlichen Abschlusse der Kirche gerade, wie auf der Ostseite, reicher mit Rundstäben und Hohlkehlen ornamentirt. Ferner sind hier bei den Bogenfriesen keine untergesetzten Consolen, wie bisher der Fall war. Auf der Empore ruht ein viereckiger Dachreiter aus später Zeit mit spitzem Helme und zwei durch ein Gesimsband getrennten Gelassen. Im oberen derselben ist auf jeder Seite ein Schallloch im Rund= bogen; westlich tritt aus ihrer Mitte ein halb so hoher, bis zur Westfaçade des Gotteshauses vorgehender, kapellenartiger Bau.

Die westliche Seite der Empore ist auch durch Lisenen in mehrere Felder getheilt. Jedes derselben hat ein romanisches, von dem Pultdache der Vorhalle ebenfalls zur Hälfte verdecktes Fenster. Ueber ihre südliche Eck= lisene setzt sich das seitliche Dachgesimse, einen ornemen= tirten Karnies bildend, fort. Das Gibeldreieck ist unten von einem einfachen Gesimsband, oben von auf= steigenden Rundbogenfriesen umschlossen.

Der erwähnte kapellenartige Vorbau legt sich dem mittleren Drittheile der Empore an; auf jeder der drei freien Seiten desselben ist ein hohes schmales Rundbogenfenster, und an den Ecken sind Lisenen, welche sich nach unten verlängernd bis auf den Sockel des Westportals herabsenken und dasselbe flankiren. Das Giebeldreieck der Kapelle, mit einer kleinen runden Lichtöffnung in der Mitte, hat keine architektonische Verzierung, und ist oben nur von dem gegliederten Gesimse des Satteldaches, unten von dem Hauptgesimse begrenzt; letzteres bedecken auf allen drei Seiten der Kapelle zierliche Decorationen, gebildet aus schräger Platte mit kleinen, sich durchschneidenden Bögen, worunter ein Zickzackornament und schließlich einem romanischen Friese.

Das sich in die Vorhalle öffnende westliche Portal der Kirche ist aus spätgothischer Zeit mit sich durchkreuzenden Rundstäben in seiner abgeschrägten Wandung. An beiden Seiten seines Spitzbogens sind kleine Schilder, das eine mit den Buchstaben Renov., das andere mit der Jahreszahl 1753. Ueber dem Portale ist ein gothischer Blendbogen in der Mauer vertieft, und in diesem eine sehr alte, vermuthlich von der ersten Kirche stammende Steinplatte mit drei Figuren. Die mittlere, 2′ 6″ hoch, stellt den hl. Vitus dar. Dieser hat keinen Heiligenschein, ist aber durch den Kessel kenntlich, den er in der Linken vor sich hält. Die beiden andern Figuren sind zwei Fuß hoch, ihre Köpfe von Heiligenscheinen umgeben und vermuthlich die Stiftsheiligen Sulpicius und Servilianus vorstellend. Das Verdienst, auf diese Hochreliefs zuerst aufmerksam gemacht zu haben, gebührt dem Conservator Professor Haßler [1]).

---

1) Württembergische Jahrbücher für Geschichte, Geographie u. s. w. 1862, Heft I. S. 95.

Nach seinem Dafürhalten erinnern diese Bilder, die auf eigens hier eingefügten, von dem übrigen Materiale der Kirche ganz verschiedenen Steinen stark herausbearbeiteten sind, im ersten Augenblicke an die Nachklänge der Antike, welche wir von der letzten Periode des westlichen Kaiserthums an bis an die Karolinger Zeit in verschiedenen Bildwerken vielfach wiederfinden, namentlich auf Elfenbeinschnitzereien und in Handschrift=Miniaturen. Die römische Kunsttradition hat sich notorisch bei den Franken, den Nachkommen der Römer, in Gallien erhalten; sie kam mittelbar oder unmittelbar zu den Germanen, und nichts steht der Annahme entgegen, daß auch diese Sculpturen von einem nach römischen Vorbildern arbeitenden Meister, und zwar zur Karolingerzeit, früher als der romanische Stil sich entwickelt hatte, verfertigt worden seien; denn sie gehören weder der romanischen, noch der germanischen Kunstperiode, noch der Renaissance an. Neben diesem Portale sind südlich drei gothische Fenster, von denen die zwei äußeren der Monumente im Innern wegen zugemauert wurden; nördlich sind nur zwei, aus derselben Ursache verkleinerte Fenster, weil auf dieser Seite das neben anliegende ehemalige Jesuitencollegium den Raum der Vorhalle einengt.

Was das Alter der verschiedenen Theile der Kirche betrifft, so gibt uns außer dem Baustile eine hinter dem Hochaltare in der Apsiswand eingefügte Bronze=

tafel einigen Aufschluß. Dieser Erzguß von vortrefflicher Arbeit und hohem Kunstwerth ist ein Erzeugniß aus dem Ende des 15. und Anfang des 16. Jahrhunderts, und möglicher Weise aus der Werkstätte des Peter Vischer [1]). Das Reliefbild darauf stellt die beiden Gründer der ersten Kirche, Hariolph und Erlolph vor, wie dieselben ihr Gotteshaus, aber in der späteren romanischen Form, mit den Händen emporhalten und darbringen. Das Bild ist äußerst getreu, da selbst die Löwenköpfe auf den Thürflügeln des südlichen Portals nicht fehlen. Vor diesem war einstens, wie man hier sieht, eine Vorhalle. Die östlichen Thürme haben noch in allen drei Gelassen gekuppelte romanische Fenster nebst Säulchen mit Würfelcapitälen in ihrer Theilung. Die Sacristei, auf welcher die Laune des Künstlers eine Katze spaziren läßt, ist einstöckig und von bedeutend geringerem Umfange, als die jetzige. Interessant ist besonders die Giebelseite des südlichen Kreuzarmes. In der Mauer öffnen sich schon die drei jetzigen Fenster von derselben Form, aber die Wand ist unter dem Giebeldreiecke nicht wie gegenwärtig durch ein einfaches Gesims, sondern durch einen romanischen Fries abgeschlossen, dessen Bögen mit den Blättern eines unterhalb sich hinziehenden Laubfrieses verbunden sind. An den Giebelschenkeln zieht sich ferner auf dieser alten

---

1) Haßler a. a. O.

Darstellung unter dem Dache ein Zahnschnittornament, und darunter ein aufsteigender Bogenfries hin. Die drei Nischen im Giebel sind dort sämmtlich in Rundbogen geschlossen; in der mittleren, höheren ist Christus auf dem Regenbogen thronend, unter ihm zwei knieende Gestalten; in den beiden seitlichen stehen Heiligenfiguren. Der obere Altan, sowie natürlich die darunter befindliche Jahreszahl fehlen.

Die Josephskapelle an der Westseite des südlichen Kreuzarmes ist noch nicht vorhanden, dagegen schon die westliche Vorhalle und zwar mit ihren gothischen Fenstern. Der Dachreiter darüber hat zwei Gelasse, das obere im Achteck mit gothischen Schalllöchern; durch eines derselben sieht man eine dort hängende Glocke. Der jetzige Dachreiter ist also wenigstens der dritte, indem auf den romanischen der gothische folgte, welcher letztere wenig Aehnlichkeit mit dem heutigen hat.

Das westliche Portal, auf welches wir nun zurückkommen, führt zunächst in die Vorhalle der Kirche, welche durch dort aufgestellte Altäre in mehrere Kapellen umgewandelt ist. In einer Handschrift des königl. Staatsarchivs in Stuttgart vom Ende des 17. oder Anfang des 18. Jahrhunderts mit dem Titel: „Epitaphia totius ecclesiae" wird die Vorhalle St. Leonhardskapelle genannt; gewöhnlich heißt dieselbe „das alte Stift", welcher Name ganz erklärlich ist, wenn man bedenkt, daß sich dort die romanische Architektur größtentheils erhalten hat, während sie im Innern der eigentlichen Kirche von dem Jesuitenstile verhüllt ist. Der Umfang der früheren Vorhalle, welche nur die Breite des Mittelschiffes hatte, läßt sich genau bestimmen, und zwar durch die ursprünglichen zehn Pfeiler und Pilaster, welche vier quadratische Räume von 12′ Länge und Breite dort bilden, drei unmittelbar an die Kirche grenzend und eines in westlicher Richtung vor dem mittleren Quadrate. Auf vier Wandpfeilern an der Kirchenmauer und eben so vielen diesen entsprechenden Freipfeilern ruht die westliche Empore mit ihren beiden Nebenräumen, alle drei von gleicher Grundfläche. Ueber dem westlichen Pfeilerquadrate liegt der kapellenartige Vorbau. Die Decke unter letzterem und der Empore ist flach; sie war vermuthlich früher wie jetzt noch unter den beiden Nebenräumen der Empore in der Tonne gewölbt. Als später nach der erwähnten, jedenfalls aus der Zeit um das Jahr fünfzehnhundert stammenden Erztafel die Vorhalle auf die Breite der ganzen Kirche erweitert und zugleich mit Mauern geschlossen ward, wurden die Neubauten in der nördlichen Hälfte mit Kreuz=, in der südlichen mit Netz=Gewölben überspannt. Die Gurten der letzteren ruhen auf phantastischen, der Spätgothik und theilweise der Renaissance gehörigen Consolen. Die alten romanischen Pfeiler sind quadratisch im Durchschnitt, 11′ hoch und an den Seiten 5½' breit. Als Gurtenträger sind ihnen Halbsäulen vorgelegt; diese haben attische steile Basen mit Eckblättern und Würfelkapitälen, deren Flächen durch vertiefte Halbmondbänder, und deren Ecken an der unteren Abrundung mit Reliefs von menschlichen Köpfen oder mit Wulsten, verziert sind. Sculpturen von Pflanzenformen zieren die Schmiegen der Pfeiler=Kämpfer, wo dieselben noch unversehrt geblieben sind. Im Laufe der Zeit sind leider sogar viele Halbpfeiler=Vorlagen gänzlich abgeschlagen worden, um an ihrer Stelle Epitaphien anzubringen. Gedrückte Spitzbögen, welche der Uebergangsstil häufig anwendete, hier an den Kanten mit Rundstäben und Rosetten gegliedert, verbinden die Pfeiler und lassen als Bauzeit des Paradieses die zweite Hälfte des 12. Jahrhunderts vermuthen. Mithin muß dieses jünger sein als die Kirche, was immerhin möglich ist, wenn auch das Gotteshaus im Jahr 1124 geweiht wurde. Der Kirchenbau schritt stets von Osten nach Westen vor, Vorhalle und Thürme waren Theile, die ganz zuletzt, oft auch erst in späterer Zeitperiode in Angriff genommen wurden, und bei dem nördlichen der Ostthürme tritt ebenfalls der Spitzbogen, wie wir gesehen, stellenweise auf.

Durch die Vorhalle in ihrer jetzigen Umwandlung führt ein 23' langer und 7' breiter Gang zwischen den mittleren Pfeilerpaaren zu dem inneren Eingange der Kirche, einem 7' breiten, im Rundbogen geschlossenen

Portale, welches sich mit einer Abstufung nur nach außen zu erweitert. Den von der Abstufung gebildeten Winkel füllt eine starke romanische Dreiviertels-Säule, deren Schaft sich im Thorbogen als bandumschlungener Wulst fortsetzt. Ueber dem Eingange ist eine dick übertünchte Inschrift, die, wenn sie auch ganz lesbar wäre, doch unvollständig bliebe, indem sie mit den Worten: „Tuos igitur ter" beginnt, deren Fortsetzung ganz abgemeißelt ist.

In den Seitenräumen neben diesem Durchgange sind mehrere Altäre und Epitaphien. Der nördliche Raum enthält nordwestlich einen von Joseph von Spaur gestifteten Altar „Jesus im Kerker" genannt. Man sieht ein von oben düster erhelltes Gefängniß mit einem Pfeiler in der Mitte. An diesen ist Christus in Lebensgröße gefesselt. Eine oberhalb befindliche Inschrift: „Christo incarcerato, vinculis ligato, dilectione captivo, cunctis peccatoribus solatio" bildet durch Majuskeln die Jahreszahl 1729. Diesem Altar gegenüber steht der Kirche zunächst der Kreuzaltar mit Renaissance-Umrahmung, einer die Kreuzigung vorstellenden steinernen Statuengruppe und daneben die Passion vorstellenden Reliefbildern. Oben ist das Wappenschild des Stifters Fürst-Propst Johann Christoph von Westerstetten (1602—1612). Zwischen diesen beiden erwähnten Altären war ehemals eine Thüre, welche mit dem Jesuitencollegium communicirte; jetzt ist dieselbe vermauert und ihr Raum von einem alten Oelberge, hölzernen Rundfiguren vor gemaltem Hintergrunde, der bis 1803 vor der Stiftskirche war, eingenommen. Der dritte Altar dieser Abtheilung hat den Namen der 14 Nothhelfer von dem Gemälde seiner Platte erhalten; er führt ebenfalls die Benennung St. Leonhards-Altar, weil das Bild dieses Heiligen sich darüber befindet.

An der Westwand sind drei Epitaphien. Der erste Stein mit dem Basrelief eines vor dem Crucifixe knienden Chorherrn enthält den Namen Wolf Rudolph von Westerstetten zu Wasseralfingen † 1567. Auf der zweiten Platte ist ein auf einem Löwen stehender Ritter mit der Untschrift: „A. D. 1464 an den . . . . Abend starb der edel Albrecht von Swabberg dem Got genad." Das dritte Epitaphium mit sechs Ahnenwappen ist dem Stifter des daneben befindlichen Kerker-Altares errichtet Joseph Julius Ernst, Grafen von Spauer, Chorherrn zu Ellwangen und Propst zu Wisensteg † 1747. An dem nördlichen Freipfeiler sind die Denksteine des Chorherrn Georg von Swabberg † 1505 und des Ritters Hans von Schwabsberg † 1549. Dem mittleren Freipfeiler sind Epitaphien eingefügt von Margaretha von Swabsberg, geb. von Neuneg † 1476 mit ihrem Reliefbilde, kniend und einen Rosenkranz in der Hand, und von Barbara Elisabeth von Rechberg, geb. von Freiberg † 1676; beide Frauen mit den Allianz-Wappenschildern. In der südlichen

Abtheilung der Vorhalle ist der erste Altar neben dem Durchgange den Heiligen Ulrich und Conrad geweiht; das Altarbild stellt eine Scene aus ihrem Leben vor. Nach der Legende[1]) speiste Ulrich an einem Donnerstag-Abend bei seinem Freunde Conrad, Bischof zu Constanz, in dem Stifte St. Afra in Augsburg und brachte die ganze Nacht mit geistlichen Gesprächen bei ihm zu. Während sie am Freitag Morgen noch an dem gedeckten Tische saßen, trat ein Bote des Herzogs von Baiern mit einem Sendschreiben herein. Dieser Moment ist zum Gegenstande des Bildes gewählt. Ulrich gab dem Diener ein Stück geräucherten Fleisches, welches vom Donnerstag noch auf dem Tische war. Der Bote eilte zurück und verdächtigte alsobald Ulrich bei seinem Herrn als Uebertreter der kirchlichen Gesetze. Da er nicht gleich Glauben fand, wollte er die Wahrheit seiner Worte durch Vorzeigen des Fleisches bekräftigen. Als er es aber nahm, war es in einen Karpfen verwandelt, welcher durch diese Begebenheit das Attribut des Bischofs Ulrich wurde." Zunächst kömmt der wahrscheinlich von Custos Cramer in dem Jahre 1657 oder 58 gestiftete Altar der Heiligen Petrus und Paulus, mit einem Gemälde „Petri Fischfang" auf dem Altarblatte, welches aber ziemlich durch davorstehende

---

1) Khamm Hierarchia Augustana, catalogus episcoporum c. VI. No. 18.

polychrome Holzskulpturen aus dem fünfzehnten Jahrhundert verdeckt ist. Diese sind Maria mit dem Christuskinde auf dem Halbmond stehend; eine unpassende Krone, welche die Statur in späterer Zeit erhält, ist vor Kurzem entfernt worden. An den Seiten des Altares sind Apostel, rechts Petrus und links Paulus. Den letzten Altar, den des hl. Sebastian ließ 1681 Fürst=Propst Adelmann von Adelmannsfelden verfertigen. In der Mitte desselben ist die Statue des von Pfeilern durchbohrten heiligen Sebastian aus dem fünfzehnten Jahrhundert, die Umrahmung enthält, wie die über Imitationen von Knochen geschriebenen Namen anzeigen, Reliquen von den Heiligen Donatus, Felicissimus, Victoria, Honoratus und Clemens.

An der südlichen Wand dieses Theiles der Vorhalle ist ein Hochrelief von Holz aus dem sechzehnten Jahrhundert mit oberem gothischen Schlusse eingefügt. Die Mitte derselben nimmt St. Anna mit Maria und Christus auf den Armen ein; rechts ist Johannes der Evangelist mit dem Kelche und vor ihm die kleine Figur des Donators Fürst=Propst Albert II. Thumm (Thumb) von Neuburg (1503—1518) in rother Tracht und mit Bischofsmütze, links der hl. Hieronymus in rother Cardinalstracht, neben ihm sein Attribut, der Löwe, auf die Einsamkeit, in der er lange lebte, sich beziehend. An der westlichen Wand sieht man Epitaphien von Ludwig von Rinderbach † 1544 und seiner Gat=

tin Margaretha, geb. von Neuhausen † 1584, von Paul von Galtringen † 1520 und seiner Ehefrau Rosa, geb. Burgkheim † 1522. Der interessanteste der hier aufgestellten Denksteine ist an dem mittleren Freipfeiler, dessen ganze Höhe er einnimmt. Das Flachbild darauf zeigt einen Ritter mit gefalteten Händen in der Rüstung des dreizehnten Jahrhunderts, mit kegelförmiger, über die Schultern fallender Panzerkappe, bis zu den Knien reichendem Schuppenhemde und aus kleinen Ringen gebildete Beinbekleidung; die Sporen haben bereits Räder, welche nach Einigen, erst im dreizehnten Jahrhundert, nach Andern hingegen schon unter den Ottonen vorkommen sollen[1]). Der Helmschmuck besteht aus einem Schwane[2]); an der linken Seite des Ritters ist ein dreieckiger Schild, in welchem drei kleinere von derselben Gestalt; auch dieses ist das Wappen des Geschlechtes von Ahelfingen. Die Umschrift fehlt links, wie überhaupt der ganze Rand; rechts läßt sich auf der verwitterten Fläche noch der Name Ulricus und die Jahreszahl 1239 entziffern. Eine Holztafel an demselben Pfeiler ist der Erinnerung an Wilhelm von Spiegelberg † 1588 geweiht. An dem

---

1) H. Otte, Handbuch der Kunst-Archäologie. Leipzig 1868 Abth. II. S. 861.

2) Nach J. Siebmachers Wappenbuch mit Erläuterungen von Otto Titan von Hefner 1857 ist dieser Helmschmuck den von Ahelfingen eigenthümlich.

Freipfeiler des Durchganges und auf einer Bodenplatte daneben ist die Grabschrift des Grafen F. W. T. von Muggenthal in Beedernau † 1730, und an demselben Pfeiler nördlich das Epitaphium des Canonikus Bernhard Friedrich von Freiberg und Eisenberg † 1624. Als Bodenplatten dienen hier manche Grabsteine, welche jedoch von Bänken und Altären verdeckt sind.

Ueber der Vorhalle befindet sich der architektonisch merkwürdigste Theil des Innenraums der Kirche, weil er ganz von der Modernisirung verschont geblieben ist, nämlich die alte westliche Empore mit ihren Nebenräumen hinter der neuen, weit in das Mittelschiff vortretenden Empore mit der Orgel, welch' letztere im Jahre 1803 aus dem aufgehobenen Dominikanerkloster zu Schw. Gmünd hierher verbracht wurde[1]). Den Zugang bildet eine kleine Pforte im südlichen Seitenschiffe neben dem Marktportale; hier führt eine enge Treppe durch die südliche, dann westliche Mauerdicke des Langhauses zu dem südlichen Nebenraume der Empore hinauf, in welchem von der Orgel aus eine Thüre eingebrochen ist. Durch eine Pforte im Rundbogen gelangt man aus diesem Nebenraume in die alte westliche Empore, welche gegenwärtig die Blasebalge der Orgel enthält und sich mit einem großen, jetzt durch

---

1) M. Grimm, Geschichte der ehemaligen Reichsstadt Gmünd 1866.

Bretter verschlossenen Bogen auf das Mittelschiff öffnet. Dieser Bogen, von der Breite des westlichen Eingangs der Kirche, ruht auf Pfeilern mit der Kreuzform im Durchschnitte, welche sich über den Pfeilern des Haupteinganges aufbauen; sie haben attische Basis über einem Postamente und romanische Kapitäle, über deren Deckplatten sich die aus Rundstab, wenig ausgeschweifter Schmiege und Deckplatte bestehenden Kämpfer erheben. Diese Pfeiler steigen bis zur Höhe der Gewölbträger an; die Schmiege des südlichen ist durch einen aufrecht stehenden Laubfries, dessen Blätter von den Bögen eines sich darüber ziehenden romanischen Frieses umgeben sind, ornamentirt; an der Schmiege des nördlichen Pfeilers ist ein Laubfries ohne Rundbogen.

Zwischen einem gleichen Pfeilerpaare, aber ohne Verzierung der Schmiegen, communicirt die Empore westlich mit dem kapellenartigen Anbau (wo vielleicht der von Khamm erwähnte[1]) „St. Stephans Altar im Thurme" mit den Reliquien St. Stephans und anderer Heiligen stand) mit drei Fenstern, wovon das nördliche zugemauert ist. In diesem letzteren Raume sind schlanke Säulchen in den Winkeln der Pfeiler und westlich in den Ecken der Mauern. Die attische Basis derselben hat Eckblätter, wo dieselben nicht weggeschlagen sind, und ihre kubischen Kapitäle sind schön mit Blättern

---

1) Khamm a. a. O. III. No. 63.

und Ranken geschmückt; Gurtenanfänge darüber zeigen, daß der jetzt mit Brettern flachgedeckte Anbau einstens mit einem Gewölbe überspannt war. Auch die Mittelempore hatte einst eine gewölbte Decke, von welcher noch die Gurtenanfänge übrig geblieben; doch jetzt ist sie mit einer flachen Bretterdecke belegt, welche sie von dem Thurme, der denselben Durchmesser hat, scheidet, und zu welchem an ihrer nördlichen Wand eine Treppe hinaufführt. Mit ihren beiden Seitenräumen, sowie mit dem kapellenartigen Anbau steht die Empore durch Rundbögen, welche sich auf ihre Eckpfeiler stützen, in Verbindung. Diese Nebenabtheilungen haben allein ihre ursprüngliche Decke, Kreuzgewölbe von beiläufig 30' über dem Boden, erhalten. Ihre Grundfläche beträgt wie bei dem Mittelraume und seinem westlichen Anbaue 10' im Quadrat. In den Mauerecken, sowie in den Winkeln der Pfeiler sind auch hier schlanke Säulchen, aber mit einfachen Würfelkapitälen, über welche sich die Kämpfer der Pfeiler fortsetzen und die Gurten des Kreuzgewölbes stützen. Die halb von dem Pultdache der Vorhalle verdeckten romanischen Fenster, zwei westlich, eines seitlich in jedem dieser Nebenräume, die wir schon bei der Betrachtung der Außenseite der Empore bemerkt haben, sind bis auf eine Oeffnung zugemauert, durch welche man unter das Dach der Vorhalle gelangen und die jetzt verdeckten, früher offen gewesenen Giebel der Seitenschiffe sehen kann. Längs der Dachschräge des südlichen zieht sich ein Rautenornament mit vertieften Feldern hin, unter welchen ein aufsteigender romanischer Fries. Unter der Dachschräge des nördlichen Seitenschiffes ist über demselben Friese ein Band mit kleinen sich durchschneidenden Rundbögen.

Aus der neuen, vor der alten liegenden westlichen Empore mit der Orgel führen zwei kleine seitliche Thüren in die Dachräume über den Nebenschiffen, wo der Mittelschiffwand entlang die Reste eines der Laufgänge zwischen Arkadenbögen und Oberlichtern, welche besonders seit dem dreizehnten Jahrhundert in reichen ausgestatteten Kirchen vorkommen, als zugemauerte Bögen sich zeigen. Diese sind $2^{1}/_{2}'$ breit und $8^{1}/_{2}'$ hoch und innen von einem Rundstabe umsäumt. Ueber dem nördlichen Seitenschiffe sind vier dergleichen Bögen, welche sich auf das Mittelschiff, und ein weiterer, welcher sich auf den Kreuzarm öffnet. Ueber dem südlichen Seitenschiffe ist ihre Zahl auf drei reducirt, weil hier die Josephskapelle den Dachraum einschränkt. Der Innenraum der Kirche besteht aus drei Schiffen von gleicher Länge; der über die Vierung sich erstreckende Chor ist ein über Langhaus und Kreuzarme erhöhter Theil des Mittelschiffes. Neben diesen setzen sich die Seitenschiffe jenseits der Kreuzarme fort und bilden Nebenchöre, welche an ihrem östlichen Ende um einige Stufen erhöht sind. Unter dem Kreuzmittel vertieft sich eine Krypta von beiläufig gleicher Dimension wie dieses.

Orientalisirende Kuppeln von 30' im Durchmesser überwölben in gleicher Höhe Mittelschiff, Vierung, Sanctuarium und Kreuzarme. In dem eigentlichen Mittelschiffe sind drei solcher Kuppeln; bei den weiten Abständen der zwei gewölbtragenden Pfeiler stehen zwischen diesen drei schwächere Pfeiler, als Arkadenstützen; unter jedem Schildbogen der Gewölbträger sind daher zwei runde, die Mittelschiffwand stützende Arkadenbögen, und diesen entsprechend zwei romanische Fenster; über den Arkadenreihen zieht sich ein Gesimsband hin, das den Nebenschiffen zugetheilte Stockwerk markirend. In den Seitenschiffen, welche halbe Höhe und Breite des Hauptschiffes haben, kommen zwei kleinere Kuppeln auf jede Travee, den Zwischenraum von zwei Gewölbe-tragenden Pfeilern, daher haben diese bis zu den Kreuzarmen sechs Kuppeln. Die 11' breiten Pfeiler, welche die Kuppeln des Hauptschiffes stützen, haben im Durchschnitte die Kreuzform, attische auf Postamenten ruhende Basis und in ihrer jetzigen Gypsverhüllung, welche aus der Zopfzeit stammt, gegliederte, stark ausladende Kämpfer. Die ursprüngliche Form war die der Pfeiler in der alten Empore, Kreuzform, Säulchen in den Winkeln, blattgeschmückte Schmiege der Kämpfer, wovon man sich bei einem Pfeiler an der Nordseite überzeugte, dessen Stuckverzierung entfernt, aber hierauf wieder angebracht worden ist. Die Arkadenpfeiler sind quadratisch und besitzen nur Vorlagen gegen die Seitenschiffe hin, wo sie ebenfalls Gewölbträger werden.

Die Dimensionen des Innenraumes sind von den verschiedenen Autoren nicht übereinstimmend angegeben. Nach Professor Haßler ist die Länge, Vorhalle und Chor eingerechnet, 225'; die Breite einschließlich der Seitenschiffe 75', die Höhe von Mittel= und Querschiff 91'. Professor Mauch berechnet die Länge auf 265', die Breite aber, wobei er das Querschiff gemessen haben muß, auf 142'. Ich fand, von dem gothischen Portale der Vorhalle an gerechnet, bis zum Rundbogenportale der Kirche 23', bis zum Anfange des Langhauses 30' zu der Vierung 141', und zu der Apsis 228' als totale Länge. Von diesen kommen mithin 111' auf das Langhaus, dessen Breite ich mit Einschluß der Seitenschiffe 78' fand.

In dem nördlichen Seitenschiffe sind fünf romanische Fenster und zwei in den Kreuzgang führende Thüren, in dem südlichen vier gleiche Fenster nebst einem runden über dem Marktportale. Daß die Vierung, zu welcher elf Stufen hinaufführen, zu dem Chore gezogen ist, erscheint häufig in romanischen Kirchen, besonders bei zahlreicher Geistlichkeit. Sie bildet gleichsam einen Unterchor, welcher hier von dem Mittelschiffe durch Gitter und von den tiefer liegenden Kreuzarmen durch Bretterwände getrennt ist, auf deren

Außenseite die seit 1576 angefangenen Brustbilder der Aebte und Pröpste von Ellwangen sammt ihren Wappen, übrigens ohne Kunstwerth gemalt sind. Zu beiden Seiten dieses Unterchores sind einfache Chorbänke. Die Fensterreihe des Claristeriums setzt sich jenseits der hohen Gurtbögen zwischen Vierung und Kreuzarmen längs der Wände des Hochchores, welcher gleichsam als eine Verlängerung des Mittelschiffes erscheint, fort, und zwar mit zwei Fenstern an jeder Seite, wovon jedoch die beiden ersten, der anliegenden Thürme wegen, verblendet sind. Der um zwei Stufen über den Unterchor erhöhte Hochchor ist von den Nebenchören, zu welchen von seinen beiden Seiten Treppen hinabführen, durch Gitterwerk mit je zwei Eingängen getrennt. Links neben dem nichts Erwähnenswerthes bietendem Hochaltare steht der Meßpult, von dem die Tradition erzählt, daß er zur Erinnerung an Ellwangens Entstehung mit einem Elchfell bedeckt gewesen sei, und daß nur ein Prälat oder Chorherr dort die Messe lesen durfte[1]). In der Mitte der Hauptapsis ist ein großes Oelbild angebracht mit der Ueberschrift St. Vito S. S. Sulpitio et Serviliano M. M. D. D., worauf die Martern der genannten Heiligen abgebildet sind. Die Hauptfigur bildet St. Vitus im Kessel. Nach der Legende wurde der Heilige in einem mit flüssigem Blei,

---

1) K. A. Busl a. a. O. S. 42.

Harz und Pech gefüllten Kessel gesotten, ohne darin zu sterben. Ein sodann auf ihn losgelassener Löwe legte sich schmeichelnd zu seinen Füßen; endlich wurde er auf der Folter so lange gemartert, bis man seine Knochen sah, und jetzt erst erhielt er den Palmzweig des ewigen Friedens. Da St. Vitus der Hauptpatron der Kirche ist, kömmt er außerdem auf zwei Bildern am Niedergange zur Krypta vor.

Unter diesem Bilde ist in der Apsis die berühmte früher beschriebene Erztafel mit dem Relief der Darbringung der Kirche durch Hariolph und Erlolph, um welches folgende Umschrift:

„Anno domini incarnationis DCCLXIIII regnantibus Carlomano et Pipino fratribus constructum est hoc Monasterium Elvacense ab Hariolpho et Erlolpho fratre ejus Linguoniæ urbis Episcopo, hujus loci fundatoribus in hoc tumulo quiescentibus."

(Im Jahre der Fleischwerdung des Herrn 764 wurde, als die Brüder Karlmann und Pipin regierten, dieses Ellwanger Kloster erbaut von Hariolph und seinem Bruder Erlolph Bischof von Langres, den Gründern dieses Ortes, welche in diesem Grabe ruhen.)

Dort sollen auch in Wirklichkeit ihre Gebeine beigesetzt sein. Professor Braun, welcher das Grab 1845 untersuchte[1]), fand ihre irdischen Reste in einer

---

1) Beiträge zur Geschichte von Ellwangen. Gymnasial-Programm von Professor J. A. Braun 1845, S. 20.

einfachen hölzernen Kiste mit der Aufschrift: Anno Dom. 1663 11mo Julii de medio chori translata sunt haec ossa b. b. Hariolphi et Erlolphi Episcoporum Lingonicensium, ecclesiae hujus fundatorum. Ihre jetzt nicht mehr vorhandene Grabschrift war nach Bruschius:

„Clauduntur tumulo hoc Hariolphi Antistitis ossa.
Hunc qui fundavit jure locum proprio.
Pluribus erexit felix feliciter annis,
Victerboque pius liquit honoris onus.
Sic postquam templi structuras istius almi
Atq. ut cernendum struxerat ad placitum,
Idibus Augusti resolutus somata plasti
Commendans Urano sarcea sicq. sablo."

(„Dieses Grabmonument umschließt die Gebeine des
 Bischofs
Hariolph, welcher dieß Haus kraft seines Amtes erschuf.
Als er manch glückliches Jahr den Bau dieser Hallen
 geleitet,
Ließ er dem Abt Viterb Ehren und Würden des
 Amts;
Und nachdem er den Bau des segenspendenden Tempels
Hatte zu Ende geführt, soweit dein Aug ihn erschaut,
Da vertraut er — am dreizehnten Tage des Monats
 Augustus —
Seinen Körper dem Staub, aber dem Himmel den
 Geist.")

Die 5' tiefer als der Kirchenboden gelegene Krypta nimmt den Raum des Kreuzmittels ein und öffnet sich mit 3 Rundbögen auf die beiden Kreuzarme, von welchen aus 9 Stufen von der Breite des Zwischenraumes der Vierungspfeiler hinabführen. An diesen Niedergängen schwingen sich gewaltige Widerlager zu den Außenwänden der Gruftkirche hinüber, nördlich zwei bogenförmige Brücken, südlich zwei sehr architectonisch gebildete Löwengestalten. Die Grundfläche der Krypta beträgt 35' von Westen nach Osten und 29' von Süden nach Norden; ihre drei Schiffe sind, gegen die Regel, ungleich, denn die seitlichen haben eine Breite von 7½', das mittlere hingegen von 9'; am östlichen Ende des letzteren ist eine Mauervertiefung mit dem einfachen Gruftaltare unter einem Tonnengewölbe; ein gleicher, aber längerer Raum, welcher sein Licht durch ein kleines Fenster in der Treppe erhält, die über der Krypta zum Chore hinaufführt, vertieft sich an der Westseite der Gruftkirche und dient jetzt als Magazin. Die Gruftkirche ist später mehr ausgefüllt worden und hat nicht die ursprüngliche Tiefe; daher ist auch die Basis der die Gewölbe tragenden Pfeiler und Säulen verdeckt. Gegenwärtig beträgt die Höhe, von dem Boden bis zu den Schlußsteinen der einzelnen Gewölbe gerechnet, nur 10'. Das Kreuzgewölbe ruht in der Mitte auf vier abgekanteten Pfeilern, östlich und westlich auf zwei Eckpilastern und zwischen diesen auf zwei Wandsäulen, letztere mit 4' hohem Schafte und blattverzierten Capitälen; zwischen den Eingangsbögen sind die Gewölbestützen, vier-passige Säulen, deren Schäfte sich über ihren wulstförmigen Capitälen in vier Halbsäulen theilen; eine derselben steigt als Wandsäule an der Außenmauer der Krypta empor, zwei besäumen als Archivolten die Eingangsbögen, und die vierte geht als Quergurte in das Gewölbe der Gruftkirche über.

Die Kreuzarme bilden Kapellen. Jenseits derselben führen 8 Stufen zu den Nebenchören hinauf, den Verlängerungen der Nebenschiffe, deren Höhe auch hier durchweg gleich bleibt. Die Länge dieser Nebenchöre beträgt 38', und ihr Schluß besteht aus 5½' tiefen Apsiden, deren Fenster mit Glasgemälden, nördlich Paulus, südlich Petrus, neueren Laninger Arbeiten, geschmückt sind. Die Verbindungen der Nebenchöre mit dem höheren Hauptchore sind schon erwähnt; die erste besteht aus 5 Stufen, die östliche mit dem Hochchore aus 6 Stufen. Längs des südlichen Nebenchores dehnt sich die Sacristei aus, welche mittelst zweier Thüren mit demselben communicirt; sie ist zwischen 1699 und 1719 erbaut, in ihrem ersten Gelasse sind zwei Stuben, in ihrem zweiten nur eine sehr geräumige, alle drei mit flacher Stucco-verzierter Decke.

Als das Innere des Gotteshauses bei der letzten Umänderung dem Zopfstile verfiel, erhielt es die jetzige

Stuccoverzierung, wozu 1737 zwei Italiener, Richard
Retti und Emanuel Piquini, berufen wurden. Seit=
dem stehen auf Consolen vor den Pfeilern im Mittel=
schiffe Heiligenstatuen, über dem Arkadengesimse schwe=
ben Engel und die Vorlagen der Pfeiler erhielten
korinthische Kapitäle unter dem allgemeinen gegliederten
Kämpfer=Gesimse. Die Kreuzgurten der Kuppeln wur=
den damals mit Blattwerk und Arabesken versehen
und an den Quergurten der Gewölbe hat man gold=
farbige Medaillons angebracht, auf welchen die mit
Namen versehenen Porträts der Stifter und Heiligen
des Gotteshauses sind. Die Kuppeln der Seitenschiffe
wurden weniger ausgeschmückt; desto mehr die der Vier=
ung und besonders des Sanctuariums. Auch bekam
die Kirche in jener Zeit ihren jetzigen Anstrich; die
Gewölbe und Arkadenbögen erhielten eine rothe Farbe,
die Gurten, Blattverzierungen in den Kuppeln und alles
Uebrige wurde weiß übertüncht. An den Quergurten
über dem Chore verewigten sich die verschiedenen Er=
neuerer der Kirche durch ihre dort angebrachten Wap=
penschilder; so ist über dem Hochaltare das Wappen
des Fürst=Propstes Johann Rudolph Rechberg von
Hohenrechberg (1654—60), zwei rothe von einander
abgewandte Löwen mit verschlungenen Schwänzen in
goldenem Felde, und zwei rothe Mitren in weißem
Felde; über der Mitte des Chores prangt das Wappen=
schild des Fürstpropstes Johann Christoph von Frei=

berg (1660—74), drei goldene Kugeln im blauen Feld und eine rothe Mitra im silbernen Feld; links davon ist das Klosterwappen, vier goldene Lilien im blauen Feld durch ein rothes Andreaskreuz getrennt; rechts das Wappen des Capitels, der heilige Veit in dem Kessel im rothen Feld. Ueber dem Anfange des Chores oder dem Triumphbogen ist das zusammengesetzte Wappen von Fürst=Propst Franz Ludwig (1694—1732) mit der Inful (als Ellwanger Propst), mit dem Schlüssel (als Bischof von Worms), mit seinen Abzeichen als Pfalzgraf vom Rhein, Bayern, Jülich und Cleve, und mit dem Rabe als Coadjutor von Mainz. Seine vergoldete Statue mit seinem Wappen an der Console ist auf der Westseite des östlichsten Gewölbträgers im Langhause angebracht. Von Franz Georg Grafen von Schönborn (1732—56), welcher die Umwandlung in den Zopfstil vollendete, ist kein Wappen vorhanden.

Zum Schlusse mögen nun die bisher noch nicht berührten Altäre und Kapellen erwähnt werden.

An den letzten Arkadenträgern nach dem Chore zu sind zwei Altäre. Nördlich der St. Anna=Altar mit dem Bilde der auf Wolken thronenden Heiligen: in einem Medaillon unterhalb ist sie, wie häufig, mit einem Kinde als Attribut; hier erklärt ihr Maria eine Stelle aus einem Buche, welches sie in der Hand hält. Südlich ist der Allerheiligen=Altar, auf welchem eine Schaar männlicher und weiblicher Heiligen die Drei=

faltigkeit umschweben. Diese beiden Altäre haben ihre jetzige Gestalt seit der Restauration von 1738 [1]).

Der östlichen Pforte des Kreuzganges gegenüber und an die Westseite des südlichen Kreuzarmes sich anlehnend ist die Josephs- oder Kreuz-Kapelle. Das Porträt ihres Erbauers ist als Marmor-Relief auf einem der Wand eingefügten Medaillen mit der Umschrift: Franc. Frid S. R. J. C. in Wolkenstein fundator A. 1701. Unterhalb ist dessen Epitaph mit dem Todesjahre 1701, und auf einer gegenüber angebrachten Tafel seine Lebeserhebung. Das Altarbild enthält eine Darstellung Christi, der mit dem Kreuze hinsinkt, und einiger Märtyrer.

Der südliche Kreuzarm bildet die den Heiligen Bartholomäus und Barbara geweihte Kapelle. Ueber der Altarplatte ist die Statue des St. Bartholomäus mit einem offenen Buche in der Rechten und Abtstabe in der Linken; neben ihm, aber tiefer, stehen die Apostel Petrus und Paulus. Das Altargemälde stellt die letzten Momente der heiligen Barbara dar, wie sie vor der Bildsäule des Zeus gemartert wird. In der östlichen Apsidiole ist eine kleine polychrome Holzsculptur, Maria mit Jesus auf dem Arme, und gegenüber an der Wand eine Bronzetafel zur Erinnerung an die Umwandlung des Klosters in ein Ritterstift. Unter

---

[1]) K. A. Buzl a. a. O. S. 45.

einem Tförmigen Kreuze sitzt Maria mit dem Leich=
name Christi auf dem Schooße, neben ihr knien in
bischöflicher Kleidung rechts Johann von Hirnheim,
der erste Propst (1453—61), links sein Nachfolger
Albert I. von Rechberg (1461—1502) mit einem
Spruchbande, worauf die Worte: „o mater dei mi-
seremini mei". Neben Ersterem ist sein Wappenschild,
zwei aufrecht stehende Hirschhörner mit der Bischofs=
mütze combinirt, neben dem zweiten ein Schild mit den
Rechberg'schen Löwen.

Durch die Regierungs=Periode des Fürst=Propstes
Albert I. von Rechberg hat man einen Anhaltspunkt
für die Verfertigungszeit dieser Bronzetafel und zugleich
des Ergusses von sehr ähnlicher Arbeit mit Hariolph
und Erlolph [1]). Ein gemusterter Teppich bildet den
Hintergrund, und Laubwerk die Umrahmung; eine In=
schrift mit gothischen Minuskeln enthält die Worte:

Mille annis Domini centum quater octaque ginta
Lapis vigens in lumine Januarii
Praecelsus Pater in Christo Dominusque Joannes
Heros de Hirnheim maximus astra petit;
Qui mille et centum quater et quoque quiquies
    ac tres
Post annos Domini hunc rexerat abba locum.
Deinde Pio septem post brumas rite secundo

---
[1]) Haßler a. a. O.

Pontifice hoc miserum clave regnante solum,
Hic habitum mutans, primus devotus honestus
Collegio Antistes praefuit, atque bonus.
Denique prudentem, vix uno vere peracto,
Praeposituram, alium legit habere virum,
Scilicet Albertum de Rechberg usque verendum,
Magnificum, praestantem, hac bene donat Herum.
Qui anno milleno quinguentesimoque secundo
Virginei partus scandit ad astra Poli.
Quorum animae petimus felici semper ovatu
Gaudentes summa pace fruentur ave.

Vierzehnhundert und achtzig am zwanzigsten Tage des ersten
Monats, erhob den Flug hoch in das himmlische Reich
Der hochwürdige Priester im Herrn Johannes von Hirnheim,
Groß durch Tugend und Geist, groß auch durch gläubigen Sinn.
Welcher tausend fünfhundert Jahre und drei und fünfzig
Nach des Herrn Geburt hier regierte als Abt.
Sieben Jahre darauf, — es lenkte Pius der zweite
Muthig der Kirche Schiff mitten durch Fluthen und Sturm —
Ward er als erster Propst gesetzt zur Leitung des Stiftes.

Wahrlich ein biederer Mann, fromm in dem Dienste
    des Herrn.

Aber als kaum ein einziger Lenz verschwunden, ver=
    blüht war;

Hat er zum neuen Probst Albert von Rechberg er=
    wählt.

Dieser, ein trefflicher Herr, freigebig und würdig im
    Amte

Stieg zu den Sternen empor tausend fünfhundert
    und zwei.)

Der nördliche Kreuzarm bildet die Kapelle Johannes des Täufers und Johannes des Evangelisten. Der dortige Altar ist nach der ganz oben befindlichen Jahreszahl von 1613; das Bild mit der Ueberschrift: S. Johanni Baptistae S. Johanni Evangelistae stellt den enthaupteten Rumpf Johannes des Täufers dar, auf welchen der Henker mit dem Fuße tritt, während er das Haupt auf eine von Salome dargereichte Schüssel legt. Die Worte unterhalb: unus ex septem mögen sich darauf beziehen, daß besondere Privilegien und Ablässe mit sieben Altären, wozu dieser gehörte, einstens verbunden waren. In der Apsidiole steht hier ein becherförmiger Taufstein mit einer Holzsculptur auf dem Deckel, Johannes Christum taufend. Von Epitaphien sind in dieser Kappelle: der schön gearbeitete Marmor-Denkstein des Fürst-Probstes Johann Christoph II. von Freiberg und Eisenberg (1613—1620), an dem angebrachten Wappen kenntlich. Der Propst ist über Lebensgröße, in vollem Bischofsornate dargestellt, ein Buch in der Rechten und einen Abtstab in der Linken haltend; sein Grabstein ist unfern von dem Epitaph in den Boden eingefügt, doch von Bänken so verdeckt, daß nur ein Theil des Wappens sichtbar bleibt. Ueber dem Altare sind zwei Denksteine in der Mauer, rechts der des Dekans Anton Albert von Freiberg und Justingen, † 1773, und links der des Canonicus Josef Anton Prinz von Hohenlohe und Waldenburg, †1764.

Der Kreuzgang, welcher von der Aufhebung des Stiftes an verschlossen und vernachlässigt war, seit 1842 aber restaurirt und an Festtagen dem Publikum geöffnet[1]) ist, liegt an der nördlichen Seite des Langhauses der Kirche und tiefer als diese, aus der zwei Treppen von 6 und 7 Stufen herabführen. Auch ist er, allerseits von großen Gebäuden umgeben, sehr düster, außer im Sommer zu den Tagesstunden, in welchen die Sonnenstrahlen perpendiculär fallen. Gegen Norden und Osten erhebt sich über seinen Hallen das zweite Gelaß des einstigen Klosters, jetzt des Sitzes der K. Regierung des Jaxtkreises; gegen Süden ragen hinter den Gängen die hohen Mauern der Stiftskirche, und gegen Westen die nicht minder hohen der Jesuiten-

---

1) K. A. Buſl a. a. O. S. 69.

nunmehr protestantischen Kirche empor. Der Bauart nach gehört die Bogenhalle der gothischen Decadenzperiode an und ist nach dem Brande, welcher 1443 Dorment und Kreuzgang zerstörte, entstanden; die einzelnen Gänge sind 10' breit, ihre Netzgewölbe nur 12' über der Bodenfläche, aber ihre Länge verschieden. Diese beträgt von Westen nach Osten 105', und von Süden nach Norden 97'. An den Gängen in der ersteren Richtung sind 10 Arkadenfenster mit nicht sehr fein ausgeführtem Maaßwerke von verschiedenen Mustern; in dem östlichen Gange sind 3 Arkadenfenster, sodann die Pforte zu dem Kreuzgarten, worauf wieder 4 Fenster folgen. Der westliche Gang, an welchem die Marien= oder U. L. F. Kapelle vortritt, hat nur ein Fenster an jedem Ende. Diese westliche Halle ist südlich mit Kreuzgewölben, nördlich mit dürre Aeste nachahmenden Gewölbe=Gurten gedeckt und in der Mitte durch zwei Thüren unterbrochen; der abgeschlossene Theil des Ganges hat die Höhe der angrenzenden Marienkapelle, welche zugleich die des Seitenschiffes der Kirche ist. Wo die Kapelle sich erhebt, stand vielleicht das Brunnenhaus des Kreuzganges, ehe das Kloster in ein Ritterstift umgewandelt wurde.

Auf den zwei mittleren Strebepfeilern außen an der Marienkapelle sind Inschriften gleichen Inhaltes mit gothischen Minuskeln, die eine lateinisch, die andere deutsch, welche ihre Erbauungszeit, die mit der des ganzen Kreuzganges zusammenfallen mag, angeben. Die südliche dieser Tafeln enthält oben einen Vogel auf einem Aste als Steinmetzeichen und darunter die Worte: 1473 am Freitag nach Johannes des Täuffers Tag ward der erst Stein gelegt. Die Kapelle dient seit 24 Jahren zur Aufstellung des heiligen Grabes. Sie ist 21' breit, 26' tief und hat an ihrem dreiseitigen Schlusse drei große Spitzbogenfenster mit unschönem Fischblasen-Maaßwerk; den Schlußstein ihres Kreuzgewölbes ziert ein Christuskopf. Auf dem Altare ist eine Sculpturarbeit, die Kreuzigung, wodurch ihre häufige Benennung „Kreuzkapelle" entstanden ist. Die Vorderfläche dieses Altares enthält, der neueren Verwendung des Ortes entsprechend, ein Gemälde, Christus im Grabe. An den Wänden sind Epitaphien, nördlich das eines Freiherrn von Baden † 1778, von den Wappen seiner acht Ahnen umgeben; darüber das des Ignatius Desiderius de Peutinger † 1718; gegenüber ist Peutingers Panepyritus von den Jesuiten 1720 aufgestellt. Dieser war der letzte Sprößling der Familie, welche sich anfänglich nach ihrem Geburtsorte Peutingauer nannte und unter Conrad Peutinger 1282 nach Augsburg übersiedelte, wo sie 1535 in den Patrizierstand erhoben wurde. Einer dieses Geschlechtes, Conrad (geb. 1465 † 1547), ist jener Gelehrte, nach dem man die berühmte alte Karte des Römerreiches „Peutinger'sche Tafel" benannt hat. Der hier beigesetzte Peutinger, Doctor beider Rechte, lebte von 1666 an als Chorherr im Stifte Ellwangen, wurde 1677 Scholasticus, 1697 Decan und war wegen seiner guten Administration des Stiftes berühmt; den Jesuiten, denen er besonders geneigt war, vermachte er durch letztwillige Verfügung 110,000 Gulden, womit sie 1722 ihr Collegium vollenden, sowie von 1724 bis 1726 die 1729 geweihte Kirche erbauen konnten.[1]

Die Marien= oder Kreuz=Kapelle war den Jesuiten von 1622 bis 1726 überlassen; auch communicirte der anliegende Theil des Kreuzganges, in welchem sie ihre Charfreitags=Procession hielten, mittelst zweier noch sichtbaren Pforten mit der östlichen Langseite der Jesuitenkirche.

Der an der Marienkapelle sich hinziehende Kreuzgang war, nach den Epitaphien an seinen Wandungen zu schließen, eine der ehrenvollsten Begräbnißstätten. Man liest dort die Namen: Georg Ludwig von Freiberg, Baron von Justingen, Chorherr † 1663, Heinrich Adelmann von Adelmannsfelden, Scholasticus † 1579; Christoph von Gemmingen, Decan, † 1616; Joseph Franz Adalbert Hundbiß von Waltrambs, Chorherr † 1685; Christoph Marquard von Ow in Veldorf, Chorherr, † 1660; Christoph Patricius Blarer von Wartensee, Scholasticus, † 1717; Walther von Frei=

---

1) K. A. Busl a. a. O. S. 63.

berg, † 1607, und seine Gattin Veronika, geb. von Rech=
berg, † 1589; Johann Baptist von Hornstein und
Göffingen, Jesuit, † 1744; Georg Heidelberger, Jesuit,
† 1683; Simon Kreuzer, Jesuit, † 1678; Joannes
Loher, Jesuit, † 1657; Wilhelm Friedrich von Gra=
venegg, Decan, † 1631.

Der südliche Kreuzgang, dessen Wappen auf den
Schlußsteinen des Gewölbes verstümmelt sind, hat der
Kirche entlang 30 Epitaphien aus den Jahren 1662
bis 1800; unter acht derselben sind steinerne Weih=
kessel angebracht, ohne Unterschied, ob sie dem Ge=
dächtniß von Chorherrn oder von Vicaren geweiht sind.
Den Letzteren gehören die meisten hier verzeichneten
Namen an; da dieselben aber keine Bedeutung für die
Geschichte des Stiftes haben, übergehe ich sie und er=
wähne nur zwei Denksteine: den mit einem sehr be=
suchten Altare des Jesuiten Philipp Jeninger, † 1704,
welcher 1681 nach Ellwangen berufen wurde, dort,
sowie in drei andern Bisthümern als Missionär gegen
die lutherische Lehre predigte, die Wallfahrten nach
dem Schönenberg mehr in Schwung brachte und im
62. Lebensjahre starb; seine Verehrer berichten von
ihm, daß er Wunder gethan habe.[1]

Der zweite Denkstein mit zwei Wappenschildern
in den oberen Ecken, worauf die Rechberg'schen Löwen

---

1) A. Sedler a. a. O. S. 164.

einerseits, der Elephant der von Helfenstein andererseits, ist sehr verwittert. Er enthält das Basrelief eines Mannes mit zum Gebete erhobenen Händen; aus der Umschrift ist nur noch Wilhelm von Rechberg und 1506 zu entziffern. Wahrscheinlich war es der gleiche, welcher mit seiner Frau Margaretha geb. von Berlichingen und deren Tochter Helene, Wittwe des Ritters Hans von Fronsberg 1501 eine Pfründe mit vier wöchentlichen Messen in der Kapelle des Kreuzganges gestiftet hat.[1])

In dem östlichen Theile des Kreuzganges führt durch das Regierungsgebäude ein Ausgang in's Freie. Die polychromen Medaillons auf den Schlußsteinen sind dort noch am beßten erhalten. Man sieht auf ihnen das Rad des Bisthums Mainz, Veronica mit dem Schweißtuche, die Rechberg'schen Löwen ꝛc. Der Wand eingefügt findet man hier 19 Epitaphien, und zwar von 1578 bis 1797, meist Vicaren angehörig. Decane sind nur zwei darunter genannt: Franz Adolph von Ehingen, † 1690, und Fürst von Hohenlohe-Waldenburg-Schillingsfürst, † 1797.

Der nördliche Kreuzgang ohne Medaillons auf seinen Schlußsteinen enthält 15 Denksteine von 1557 bis 1777, die der größten Anzahl nach Chorvicaren

---

[1] K. A. Busl a. a. O. S. 70. Nach von Stälin Württemb. Geschichte B. 3, S. 663 heirathet Heinrich von Rechberg im 15. Jahrh. Agnes von Helfenstein; möglicher Weise ist dieser Wilhelm aus genannter Ehe entsprossen.

gewidmet sind; auf dreien derselben sind Namen von Frauen, die sich vermuthlich um das Stift verdient gemacht haben, der Nachwelt aufbewahrt worden. Diese sind: Steinherin geb. von Hyrnheim † 1560, Maria Anna von Ow geb. Spethin von Schiltzburg, † 1619, Marianne von Sarberi, geb. von Bucholz, † 1773. In der Mitte dieses Ganges ist eine Thüre zu dem Gewölbe, aus welchem eine jetzt abgebrochene Treppe zu dem im zweiten Gelasse des Klosters befindlichen Oratorium, ebenfalls Marienkapelle genannt, führte. Dieser jetzt als Archiv benützte Raum, der einzige von dem alten Stiftsgebäude noch erhaltene, ist von dem oberen Gange des Regierungsgebäudes, aus welchem neun Stufen hinabführen, erreichbar; seine Länge beträgt 40′, die Breite 24′ und die Höhe beiläufig 15′. Nördlich öffnen sich zwei Fenster in stumpfen Spitzbogen. Die Gurten seines Netzgewölbes ruhen in der Mitte auf zwei Säulen ohne Kapitäle, und längs der jetzt durch Bücher verhüllten Wandungen auf Consolen in Gestalt von menschlichen Köpfen. Der gegenwärtig mit Brettern belegte Boden ist mit Backsteinen geplattet. An dem südlichen Ende desselben sieht man noch die jetzt vermauerte Mündung einer Treppe.

Wenn wir die Epitaphien des Kreuzganges und die Namensregister des Stiftes von Ellwangen in dem Werke von Khamm durchlesen, ist es auffallend, daß nur die Chorherren adelig, einige wenige derselben statt dessen Rechtsgelehrte waren. Die Chorvicare hingegen bestanden aus Unadeligen und zwar ohne Ausnahme. Daher konnten sie vermuthlich nie zu der hohen Würde der Canonici gelangen, welche in andern Stiftern ihre Hoffnung, ihre Sehnsucht war.

Mit der Angabe der Druckwerke, welche über Ellwangen Auskunft geben, will ich nun die Abhandlung beschließen; diese sind:

G. Bruschii Chronologia monasteriorum praecipuorum Germaniae. Sulzbaci 1682.

Suevia ecclesiastica authore F. Petro Augustae 1699.

Corbinianus Khamm Ord. S. Benedicti Hierarchia Augustana Augustae 1709.

C. F. von Stälin, Wirtembergische Geschichte. 1841.

Braun, Beiträge zur Geschichte Ellwangens, Gymnasialprogramm für 1845.

Wirtembergisches Urkundenbuch. Stuttgart 1849.

Professor Haßler, Ellwangen, in den Württemb. Jahrbüchern für Geschichte, Geographie ꝛc. 1862. Heft 1.

Aloys Seckler, Beschreibung der Reichspropstei Ellwangen. Stuttgart 1864.

Karl Anton Busl, die Stiftskirche Ellwangens. Ravensburg 1864.

Chronicon Elvacense, abgedruckt in Pertz Monum, tom. 12 und Petz thesaur. anecdot. tom. 4.